产品游戏化

让你的**产品**像游戏一样

简单有趣有生命力

Game Thinking

Innovate smarter & drive deep engagement with design techniques from hit games

［美］**埃米·乔·金** 著

（Amy Jo Kim）

林爽喆 译

中信出版集团｜北京

图书在版编目（CIP）数据

产品游戏化 /（美）埃米 · 乔 · 金著；林爽喆译
. -- 北京：中信出版社，2019.4（2021. 5 重印）
书名原文：Game Thinking
ISBN 978-7-5217-0051-0

Ⅰ. ①产… Ⅱ. ①埃… ②林… Ⅲ. ①产品开发 – 研
究 Ⅳ. ① F273.2

中国版本图书馆CIP数据核字（2019）第019758号

产品游戏化

著　　者：[美] 埃米 · 乔 · 金
译　　者：林爽喆
出版发行：中信出版集团股份有限公司
（北京市朝阳区惠新东街甲4号富盛大厦2座　邮编　100029）
承 印 者：北京通州皇家印刷厂

开　　本：787mm × 1092mm　1/16　　印　　张：19　　字　　数：150千字
版　　次：2019年4月第1版　　印　　次：2021年5月第2次印刷
京权图字：01–2018–9020
书　　号：ISBN 978–7–5217–0051–0
定　　价：68.00元

服务热线：400-600-8099
投稿邮箱：author@citicpub.com

目　录

第二部分　共情

如果你想带给用户欲罢不能的产品体验，你的目标就得瞄准特定人群，并且理解他们的需求。与用户共情，是设计师思维和精益式用户体验设计的基石。学习与用户共情的系统性方法，能够帮助你改进自己的设想，调整你的系统，并且增加你的成功概率。

第三部分 设计

在这个部分，你将学会如何增加对新事物的理解力，并且以用户的现有习惯为基础，打造产品与用户之间的连接。随着时间的推移，这套框架工具会帮助你如同游戏设计师那样打造你的最小可行性产品，并且让用户在你的核心产品体验里找到乐趣。

第五部分 验证

最后，你将学会如何运用最新获取的认知，来更新你的产品设计，打造让人欲罢不能的产品体验。你将运用游戏化思维路径图，把你的用户路径与软件发布周期匹配起来。这些工具将使你能够与团队进行卓有成效的谈话，并决定是否需要转变研发的方向。

推荐序

你的产品，需要一个游戏化策略

做东西是很难的。

这一点我们都知道。首先，你并不确定要做什么；其次，当你开始做时，你自己觉得做得全对，但其实全错……于是你返回去再来一遍，直到有一天可怕的时刻到来：你要把你的作品呈现在其他人面前了。这些人或者讨厌它，或者喜欢它，甚至完全漠视它，这是让人痛苦的尴尬状态，因为你的作品没有激起任何强烈的情感。到时候你只能静静地坐下来，然后扪心自问："当初我哪里做错了？"

对于这个问题，埃米·乔·金给出了一个答案，这个答案就在这本书里。她用精确、清晰的语言讲述了"当初我哪里做错了"，同时配以图表、案例分析和流程，让你开心地看下去。

我来自游戏界，埃米·乔·金将上述方式称为"游戏化思维"。（我只想说，真希望我们所有项目使用的流程，都如她在本书中所描绘的那样！）她之所以把这种方式称为"游戏化思维"，是因为我们游戏设计师对于玩家以及玩家玩游戏过程的一些想法启发了她。我们把游戏玩家以及他们玩游戏的过程想成一个通过反馈引导的、学习的过程，不断地建立和培养游戏爱好和游戏习惯。这个过程就是让玩家对游戏越来越上瘾。

正如你所看到的那样，在游戏里，我们并不提供实际的好处。我们提供的只是一种休闲、一种娱乐，是繁忙工作一天后的轻松一刻。与大多数产品不同，我们的产品并没有实际的用处，我们只能依赖真正的基本准则：人为什么会喜欢某样东西？他们为什么会成为某样东西的回头客？他们为什么会在意这样的东西？我们的设计就是为了让他们在意游戏，让他们与游戏建立起情感纽带。

这也是游戏化思维真正的意义所在。这种思维让你通过从面谈和总结工作中了解到的事实真相，去关注用户的真正关切所在。这种方式要求你，当用户告诉你他们遇到什么样的问题，告诉你他们希望在你离开后得到怎样的解决方案时，你要倾听，而且是真正的倾听。这种方式摒弃模棱两可，摒弃矫情做作的表象，它直击一点：人们最想从你这里得到怎样的解决方案，并且作为一个设计师，教会你如何提出正确的问题。

之后这本书就开始指导你进入一个流程，去打造上述解决方案，在正确的顺序中，一路上证实、确认你没有偏离流程。这让你在设计产品时，就像踏上设计玩家的游戏之路一样，通过使用你的产品不断成长、改变和学习。

在游戏里，我们几乎把上述过程视为理所当然。我们只知道开始玩一款游戏，意味着有许多东西要在游戏里学习，而且到了最后，他们会发疯似的在游戏里跳跃、旋转、躲闪、建造和交易，在一系列密集的系统和复杂的事物里玩耍。这也是我们设计游戏的目的所在。我们打造类似的过程，使产品成为现在的样子，并且随着层次和经验的提升，玩家最终达到适合他的水平。这并不容易，但我们只是一直在努力，甚至我们都不会经常谈论它。

这或许正是每个人对我们所做的事情似乎有所误解的原因。

最近，当每个人都把徽章和积分系统作为最重要的事情时，似乎说这样的话有些晚了："你做得不对！"因为游戏设计师不会去设计徽章和积分系统，这并非我们创作的核心。我们建立的系统会让你学会自我学习，能让人们去做他们本来认为自己不会做的事情——无论是驾驶一辆赛车，还是在世界杯赛场上进球，抑或给一个外星生物"爆头"。我们所做的事情是建立一个系统，让不可能变成可能。积分、徽章，还有游戏设计师一路上制造出的其他东西，只是让你赏心悦目的"风景"，它们永远不是目的。

想象一下那将是多么美妙的事情。我们今日所使用的系统、产品和服务都服务于上述目的：让不可能变成可能；满足各类需求；把用户置于混沌迷乱的虚拟任务面前，而不是无边无际的各类指标面前；让人们能够去做他们本来认为自己做不到的事情；将可能性的边界不断拓展。

作为一个游戏设计师，你能做什么与众不同的事情，并不是唯一重要的事情。让你的顾客、你的用户、你的客户能做与众不同的事情，更加重要；创造真正的价值，而不是用寄生虫般的手段榨取收益，也更加重要。

最后，当我们在创作游戏时，我们是在给这个世界带来更多的快乐，这是一个非常重大的任务。这个任务不应仅仅由我们游戏圈的人来承担，而应当成为每一个设计项目重要的组成部分。这也是游戏化思维真正的奥妙所在，也是埃米·乔·金在这本书中所记录的东西。这是一种能让玩家感受到极度满足的方法，当他们向同伴转身时会说：“哇哦，这太棒了！”

这就是我想说的。你所能做的与众不同的事情，就是创造出真正的不同。

——拉夫·科斯特

游戏设计师、《游戏设计快乐之道》作者

前　言

产品游戏化：爆款产品的共同特质

爆款产品背后的团队都有哪些共同点？我们如何才能追随他们的脚步？

2018 年，发布了许多创新型产品和服务，但只有屈指可数的几款会获得长期的成功。大多数将毫无机会，直至陨灭。

为什么？那些制造出爆款产品的团队都有哪些共同点呢？我们能否追随他们的脚步，有效地增加制造爆款的概率呢？

我的答案是肯定的。

让我把你带回加利福尼亚半月湾那个美丽的 9 月。我坐在自家的客厅里，一家游戏创业公司优秀的首席执行官正在向我描述他的一个创意。他想打造一款社交游戏，在这款游戏中，没有音乐天赋的人都可以弹奏虚拟乐器，并且感觉自己就是在一支乐队中参与演奏。我加入了这支团队，那个疯狂的创意后来变成了《摇滚乐队》(*Rock Band*)，一个特色鲜明的世界性流行爆款。

之后，我与威尔 · 赖特一起加盟了《模拟人生》(*The Sims*)。赖特是一位虚拟游戏设计师，有一些非常规的手段来释放自己的创造力。这个项目在启动前的几周险些被取消，最后却成为史上最畅销的PC（个人计算机）端游戏。

在那之后的几年，我参与设计了《贪恋时尚》(*Covet Fashion*)。这是一款移动端的创新型游戏，里面有许多现实世界的高级时装品牌。我们最终创造出来的产品与最初的创意有很大不同，而且我们不是很

确定这款游戏是怎样变成最终那个样子的。

这款游戏成为经久不衰的爆款，数以百万计的玩家从服装设计师那里获得美妙的服装搭配，甚至在现实世界购买这些服装。

从游戏里学到的东西

爆款游戏是如何吸引人们的注意力，并且让他们成为回头客的？是什么让一种体验随着时间的流逝依然吸引力十足？

我曾经为多个爆款游戏项目工作，这些游戏的玩家数量都是数百万计的，但这些游戏没有把所有人都当成目标用户。从风格上说，人们所要寻求的体验是多种多样的。当我在享受《摇滚乐队》和《贪恋时尚》时，我儿子更喜欢让他肾上腺素飙升的射击类游戏，而我最好的一个朋友正沉迷于糖果拼图类游戏。

某个人挚爱的一款游戏，对于另外一个人来说，也许是最糟糕的噩梦。

设置条件让人欲罢不能

成功的游戏都有一个共同特征：快乐的本质在于培养技能。烧脑让我们感觉良好：增进技能，并且沿着一条道路前进，最终精通这个领域。游戏、运动和教育是铺开这条道路的良好方式，但每一个产品经理都可以去学习如何利用用户的这一天性，并且挑战一下自己在这方面的潜力。

游戏、运动、办公室工作这样有组织的活动，都是围绕一个中心展开的，即开发并且利用一项技能。如果你所面临的挑战与你所开发出的技能相匹配，那么你就会连续不断地玩下去，这也是每一款游戏和每一个产品经理的终极目标。

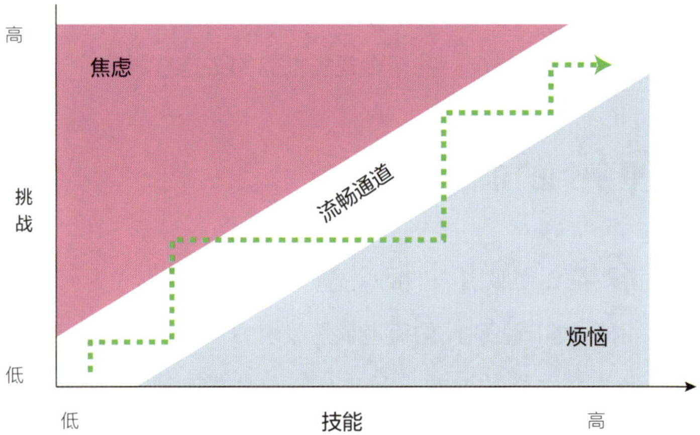

这里的“流畅”并不是指让事情变得简单或者“游戏化”，而是指需要付出努力才能得到。没有学习、时间和挑战，就不可能流畅。游戏从核心上来讲，是一种愉快学习的引擎，它能够传递一种体验。这种体验来自人类本性的深层次动机。随着时间的推移，你融入了规则，培养了技能，接受了更大的挑战，而且在这个过程中，在某些对你而言有意义的方面，你已悄然蜕变。

忘记分数，考虑一下角色蜕变

角色蜕变是伟大戏剧的脊柱，个人蜕变则是伟大游戏的脊柱。在游戏里，我们就是主人公——一个面临一系列抉择和挑战的代言人，一路通向“精通”的巅峰。

个人蜕变随着时间推移驱动用户黏性

分数、徽章、等级、玩家积分榜以及名望系统，这些过程指标是“学习与精通”蛋糕上的糖衣。这些指标帮助你衡量目前的位置，以及你已经取得的进展，但如果玩家无法“精通”某样东西，这些就显得毫无意义。如果你想打造一个引人入胜的产品体验，那么请忘记分数，考虑一下角色蜕变。

把内在愉悦与外在指标结合起来

游戏是从系统和规则中搭建起来的，它让你陷入一个微观世界，一个“魔环”，这个魔环是所有玩游戏的人共同分享的。在一个魔环中，普通的行为都会被赋予特殊的意义——将一个球投入网，就成了“得一分”。

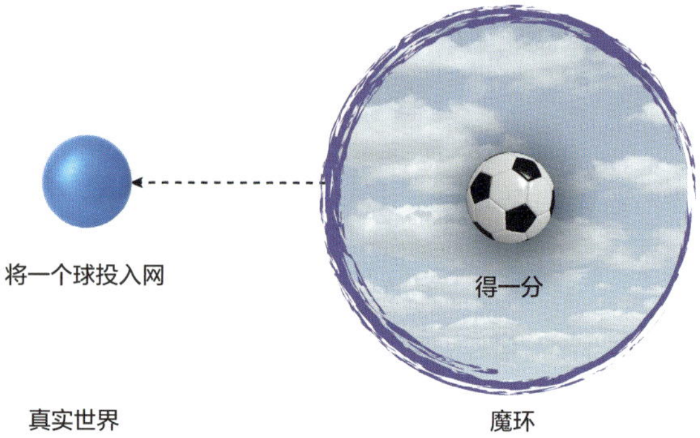

制作精良的游戏，就是内在愉悦与外在指标的艺术性融合。它邀请你从日常生活中短暂地解脱出来，在另一个简化版的真实世界中，或自己一个人，或和其他人一起度过一段时光。愉悦的活动就是这个微观世界跳动着的心脏，而进度指标（分数、等级、徽章、升级）可以用来支撑和强化这些核心活动。

内在动机的三合一体系

为了打造真正引人入胜的体验，就要利用内在动机的三合一体系：自治、精通和目标。这个框架在 20 世纪 70 年代出现，当时叫作“自决理论”。在丹尼尔·平克有关职场动机一书《驱动力》中，这个框架再度引起人们的关注。

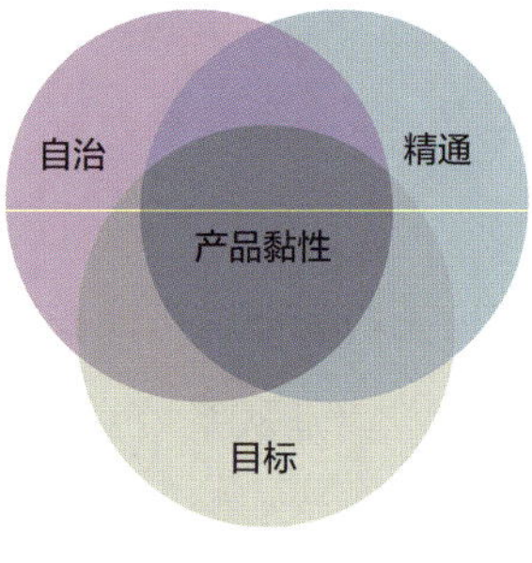

为了让产品能够对用户具备长期黏性，在为你的产品体验设计反馈和奖励系统时，这三个普遍性的驱动力就是起点。我们将在第三部分提及这一点。

在这本书中，我们一直会提及这些内在的驱动力，寻找三合一体系的标志，来指引你的前进之路。

自治：自决与有意义的选择

自治是一种正在控制自己命运的感觉。在一款游戏、App（应用程序）或服务里，自治被具象成为你如何且何时向用户提供选项。卓越的游戏里提供的选择都是有意义的，并且有着有趣的约束条件。想一想《卡坦岛》（*Settlers of Catan*）、《魔兽世界》（*World of Warcraft*）、《我的世界》（*Minecraft*），甚至在Kickstarter（一个专为具有创意方案的企业筹资的众筹网站平台）中，你遵循着自己的兴趣，做一系列越来越有趣的选择，就可以探索甚至精通所有的系统。

精通：打造技能、反馈和挑战

精通是一种接近更加擅长某样东西的感觉。游戏为玩家提供的是在一个以规则为基础的有限环境里，可以进行一整套的动作和选择。在一个卓越的游戏里，精通整套游戏规则是非常让人愉悦的。许多简单的游戏之所以失败，就是玩家觉得没什么东西可以去精通。分数、徽章和积分榜本身并不会吸引人，除非你能够在一些对自己有意义的个人层面取得进展。

目标：与某些比自己更伟大的事物产生联系

目标与连接和关系有关，它包括与其他人的连接和关系，包括与一项共同事业的连接和关系，也包括与某些比自己更伟大的事物的连接和关系。大量的研究表明，有些人能够搭建更具意义的关系，他们的幸福水平也更高。目标经常通过讲故事进行表达，你知道吗？最强有力的故事就发生在用户的大脑中。一个和你的产品产生黏性关联的个人故事，将会把用户变成一个更强大、更有技巧以及有更多关系的游戏翻版。

游戏设计 ≠ 忠诚营销

挖掘用户的内部驱动力，将帮助你设计出引人入胜的产品体验，并且避免碰到一些在游戏化进程中的普遍陷阱。类似于分数、徽章以及等级这些进阶指标是很容易就能看到的，也让人有冲动去使用。但光靠这些是产生不了奇迹的。

那些具有市场营销背景的人在看游戏时，会发现一系列外部激发因素和奖励计划可以被提取出来，并放置到其他任何地方。这是可以理解的，因为分数、等级、地位和奖励是忠诚营销计划里的基本组成单位，也是营销者手中剧本里的主题。

尽管忠诚营销计划与游戏特别相似，但如果通过内部驱动力这个透镜去看，两者之间的区别就凸显出来了。试图通过外部奖励来促进长期的用户黏性，是一种愚蠢的办法。如果指标和奖励是产品设计里发生的主要事件，那就意味着你的产品是浅薄的或者是易受操控的，并不会对用户产生长期的吸引力。更糟糕的是，你或许扼制了用户的创造力和热情而不自知。

外部奖励可能会降低愉悦活动的价值

丹尼尔·平克在其关于职场目标的书中，将其 30 年的研究成果总结为一句经典：在让人们完成简单、短期的任务方面，外部奖励是有效的，但当需要人们具有更宏观的视野，并以此完成某些任务时，外部奖励反而会降低效率。

大量研究表明，对于阅读和画画这类让人愉悦的任务而言，外部

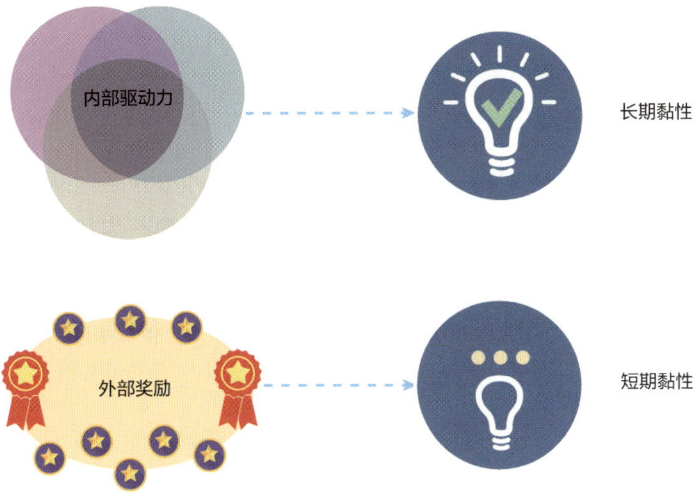

奖励反而会令其价值降低。比如，在一项研究中，喜欢阅读的孩子如果完成阅读某些章节，可以得到分数和金钱的奖励，猜一猜会发生什么？孩子们完全不再出于乐趣去读书了。这种不经意间产生的副作用或许非常残酷，而外部奖励对内部驱动力的杀伤力更会超乎你的想象。

从游戏设计到产品设计

之所以会产生《摇滚乐队》《模拟人生》《贪恋时尚》这些爆款游戏，是因为它们都依赖于支撑游戏化思维的一些原则。如果你也在打造一款产品，不要担心，使用这些原则同样会产生诸如Slack（聊天群组）、Kickstarter和Happify（一个心理健康服务平台）这样的产品和服务。

游戏化思维将游戏里打造技巧的权力交到了产品负责人手上。在帮助那些创新的爆款游戏上线后（如《摇滚乐队》《模拟人生》《贪恋时尚》），我正和来自全世界的企业家一起工作，帮助他们使用游戏化思维更快速、更智能地创新。

梅根 · 马赫达维是阳致公司（Sunreach）的首席执行官，她使用游戏化思维来证实她的创意：撬动发展中国家的青年人才。当她在做全职工作时，梅根曾经测试过她的创意，并且从她预想的用户那里获得了不那么让人振奋的早期反馈。通过进一步的挖掘了解，梅根发现有一个与预想中类似的高需求群体，这些人不但欣赏她做出的模型，而且还会积极使用这个模型。这让梅根有了底气，她辞去了工作，开办了一家成功且增长迅速的SAAS（软件即服务）咨询公司，在海地和巴勒斯坦培训年轻人成为销售工程师。

游戏化思维同样帮助了奥弗·莱德纳和托莫·本–基基等企业家。他们卖掉了自己非正式的游戏公司，等待着下一个挑战。他们围绕着幸福的科学，设想出一个游戏创意。我和他们运用几个高需求用户群来进行测试，我们还发现了一群超级粉丝，并请他们来帮助我们调试早期的系统。Happify现在已经成为精神卫生领域和福利服务领域的市场领导者。

还有Pley（一个玩具共享平台）的首席执行官拉南·拉克曼。拉南和他的团队利用游戏化思维证实他们的创意，将社区拓展到快速增长的玩具租赁业务中。我和他们一起发现Pley的用户都希望获取教育视频内容，因此我们打造了一个视频社区的最小可行性产品版本，避免在人们不需要的地方浪费资源。

拥抱与拓展：精益创业和设计思维

通过这些经验，我直接了解到一点：那些能让游戏获得成功的因素，同样能够让你的产品获得成功。

在这本书里，我将带你踏上游戏化思维之路。你可以把这个流程用来验证和发展你的产品创意。

游戏化思维拥抱并拓展了现有产品的开发方式。

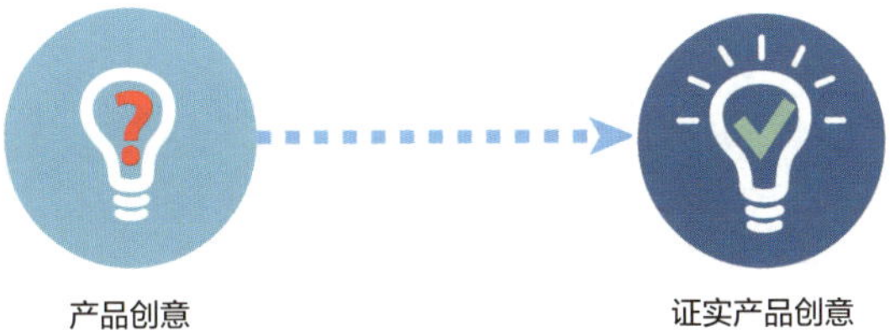

如果你是精益与敏捷开发方式的粉丝，你就知道如何使用“打造—衡量—学习”这个闭环来测试你的创意。

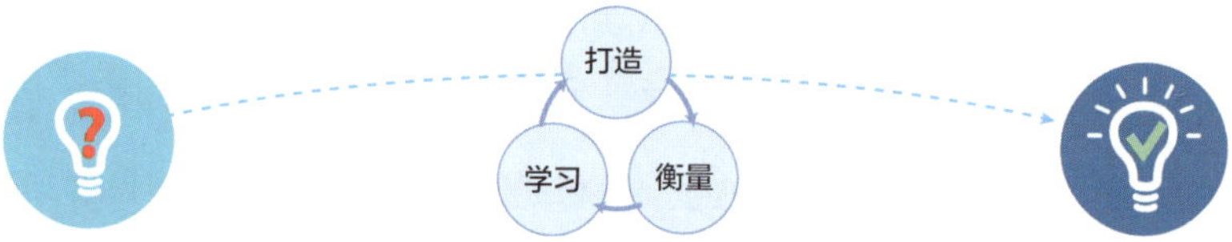

如果你熟悉设计思维，你就知道如何与用户产生共情，并且使用你所掌握的元素去为你的解决方案设计原型，满足真正的用户需求。

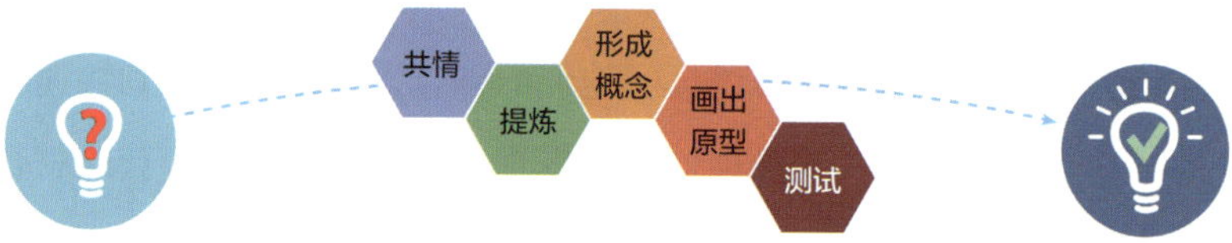

游戏化思维为这些方法添加了一个要素：找到早期核心用户，并且将这些人带向精通的创新理论框架。

最好的产品并不仅仅满足一种需求，它们还帮助用户在他们所在意的领域变得更为擅长。

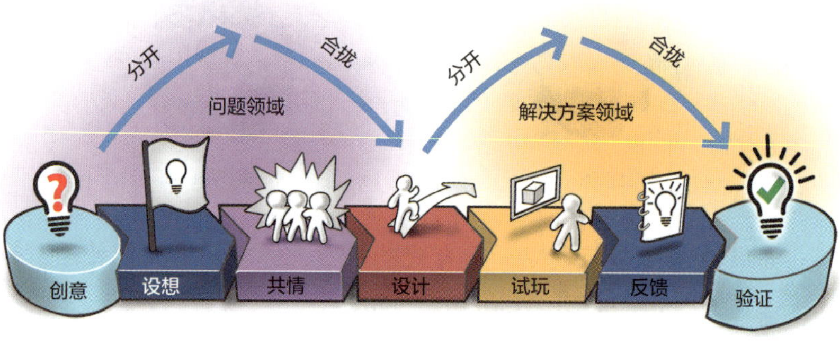

游戏化思维是一种打造特定产品的理论框架，这种产品让用户更加强大、博学和相互连接。和精益创业一样，游戏化思维是基于对设想的测试。和设计思维一样，我们从一个问题领域开始（也就是待满足需求），在一个解决方案领域结束（你的产品如何满足这种需求）。

5 步达到产品与市场匹配

这本书的 5 个部分包含了游戏化思维的 5 个步骤。

步骤 1：设想

通过明确你的产品创意来进行更聪明的实验，识别出你的高风险设想。

步骤 2：共情

找到早期核心用户，他们对你的产品创意有热情，能够帮助你测试设想。

步骤 3：设计

画出通往精通的路径图，也要画出把你的用户从菜鸟变成专家的学习进阶路径。

步骤 4：试玩

用超级粉丝的意见给你的创意画出原型，然后进行高价值的试玩，来证实你的设想。

步骤 5：反馈

总结你所学习的知识和你获取知识的方式，以及基于数据的下一步计划。

你将会学到

你可以从这本书学到三点，它们可以立刻运用到你的项目中。

- 在设计爆款产品时，游戏化思维扮演怎样的角色。
- 将游戏化思维运用到你的产品中，如何帮助你打造长期的用户黏性，并且增加你成功的概率。
- 游戏化思维工具是一种已经被证实的步步为营的系统，它如何能够帮助你从创新工作中获得更好的可靠结果。

现在，我们必须回到起点，因为这里会产生好的结果。

第一部分　设想

拥有好创意的最佳路径：
先来一大堆创意
/
莱纳斯·鲍林
科学家
/

要想打造一款成功的产品，你要对市场反馈充满渴望，把它看得比自尊心更重要。那些打造出突破性产品的创新者，都会通过反复实验来打磨自己的想象力。他们会假想东西会是怎样的，并且收集数据来打磨自己的思维，从而更好地寻求市场的肯定。

第 1 章

为你的产品制定一个清晰化的战略

为了增加成功的可能性，需要通过“打造—衡量—学习”的循环尽可能加快步伐。

——埃里克 · 莱斯，
《精益创业》作者

要把一个很有希望的创意转化为一款成功的产品，有一点很重要，即从一开始，就要基于清晰的、可验证的设想进行实验。你如何产生并提出上述设想？你又如何决定哪个设想要优先进行实验？

许多企业家会着手打造他们认为有趣的事物。一些人会使用商业模式画布[1]之类的工具作为自己所要做的事情的起点。这种工具固然能帮助你思考清楚全盘的事业，但无助于你聚焦最急迫的问题，包括用实验去验证你的创意，并且打造你的最小可行性产品（minimum viable product，简称MVP）。

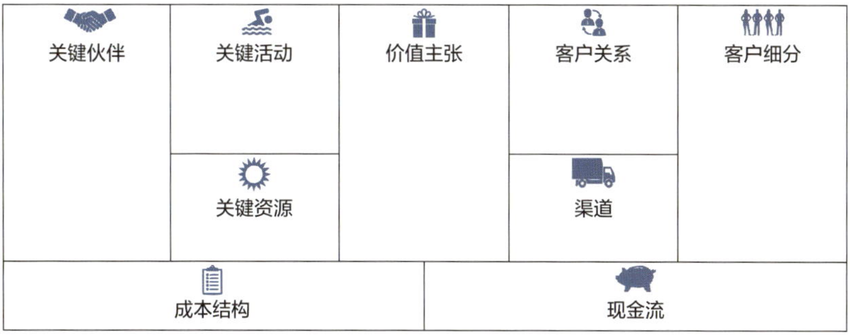

① 商业模式画布（business model canvas，BMC），是指一张“画布”，也就是一页你已经完成的工作表单，看一眼就能明白工作的要点和目标。——译者注

学会使用最小可行性产品画布

为了帮助你打造出优质的、可验证的设想，并且更明智地进行实验，我已经创造出一款简单的工具，即最小可行性产品画布，它能帮助你把现有的创意塑造成设想，并且帮助你挑选哪些设想可以优先进行实验。如果你希望获得可靠的方法来迅速验证自己的创意，这款工具就是为你准备的。

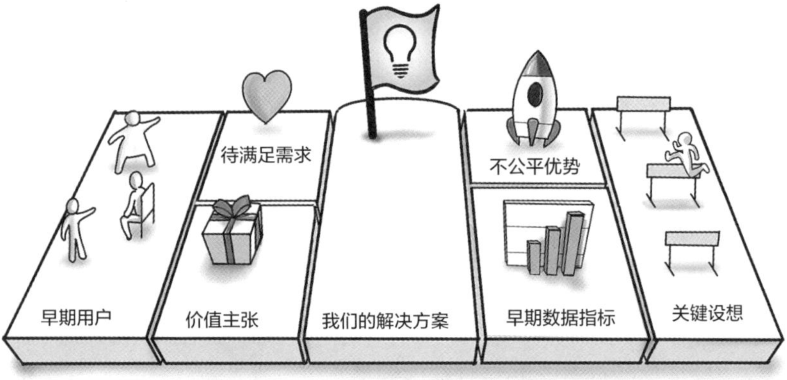

聚焦于早期用户和待满足需求

成功的创新或许最终会被大众关注到，但在一开始，它们总是默默无闻的。这也是创新的矛盾之处：当你把你的创新带到现实生活中时，你希望点亮的那些人可能并非市场上的典型人群。

创新扩散理论与跨越鸿沟

回到 1961 年，埃弗雷特 · 罗杰斯在他精辟的创新扩散理论中，描绘了这种动态。罗杰斯指出了 5 种类型分明的人群，他们能够随着时间的推移与新型创新建立关系。

- **创新者：**他们渴望尝试，并且始终以大胆和富有冒险精神的新创意为核心。
- **早期使用者：**有一个迫切要解决的问题，并被这个问题驱动着采取行动；他们愿意冒险，为了达成核心价值，能够忍受由此产生的混乱或无法成功的解决方案。
- **早期大多数：**对解决方案很感兴趣，当看到一款产品得到社交圈的普遍认同时就会使用。对于他们来说，如果痛点变得强烈，则会发生转变。
- **晚期大多数：**抗拒风险，资源受限，等待社会施加压力才会使用。
- **落后者：**总是向后看，排斥新事物，对新事物并没有使用的需求。

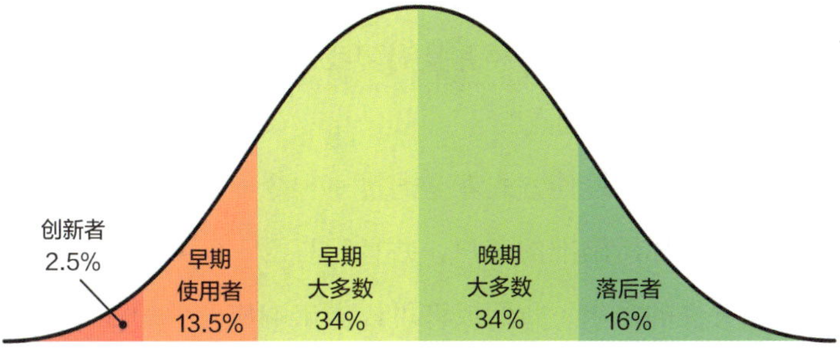

多年之后，杰弗里 · 摩尔在《跨越鸿沟》一书中对罗杰斯的模型进行了通俗化叙述和扩展。在这本畅销书中，摩尔向读者兜售了一个引人入胜的故事：他是如何将苹果Ⅱ这种业余电脑变成主流消费爆款

的，也就是说，如何通过从“早期使用者”到“早期大多数”的过渡，实现从跨越“鸿沟”到主流成功的转变。

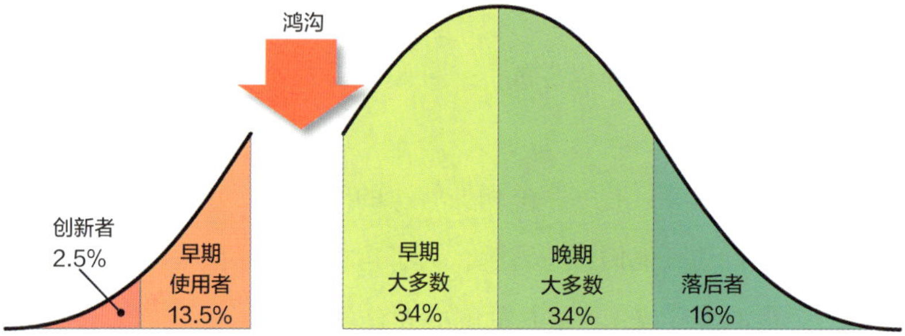

用精练的语言总结一下：如果你在创新，在瞄准一个更大的市场之前，你先得找到并且点亮一个较小的早期市场。你可以先在较少的一群人当中实验你的想法，这群人需要你提供的产品，并且他们在满足自身需求时，能够承担产品所带来的成本，忍受产品中存在的荒谬搞笑的东西，以及所带来的不适感。当你这么做时，你成功的概率也在上升。

发现这种高需求、高价值的早期用户是一种迭代的过程，你可以把可实验的设想写下来，通过这种方式来加速这一迭代过程。问一问自己：哪一类人群会首先需要并且渴望我们提供的产品？这些人在性格上和行为上有什么共同点？

发展忠诚客户的最佳方式就是通过一种令人愉悦的方式满足他们的需求。想一想你所瞄准的客户，并且问自己下面几个问题：他们现在有哪些相关性的需求，我们或许可以做出响应？他们现在是如何满足这些需求的？目前的需求满足方式为什么并不令人满意？

别担忧是否能正确理解上述问题。先大致记录一下你目前的想法。你的工作是做一下有根据的推测，并且将这些推测变成你能进行验证的设想。

开发一个新产品

为了在现实世界中验证上述过程，让我们来看一下Happify是如何创立并且验证他们早期对消费者的设想的。一开始，我们有三个设想：如果有一款游戏，能够有科学根据地提升幸福感，谁对这款游戏的需求会最旺盛？这些人又有哪些待满足的需求？我们把这些放进最小可行性产品画布中。

- **人群一：**进取心十足的企业家（就像我们自己），有许多情境压力。
- **待满足需求：**方便、有效的压力管理。
- **人群二：**最近被诊断为抑郁症的专业人士。
- **待满足需求：**精神类药物的替代品（或者补充工具）。
- **人群三：**正在经历人生重要转变的人，比如离婚、育儿、空巢。
- **待满足需求：**渴望得到帮助来适应“新正常态”，并且最大限度地控制忧郁情绪。

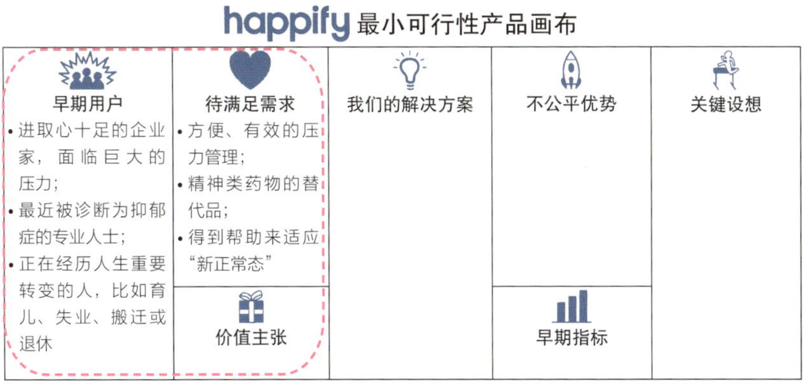

一旦我们有了这些设想，就可以进行早期的实验，来确定我们主

要应聚焦于哪类人群，以及为他们打造怎样的产品。在接下来的几章里，你将会了解这一过程是如何进行的。

打造一种主要的新功能或产品延伸

你也可以用这种方法去验证现有产品的新功能。比如，我们帮助Pley验证了一个重要的产品延伸创意：用户社交网络，喜欢乐高的父母可以在里面阔谈乐高。Pley曾经拥有数以千计的活跃用户，许多人对于这项服务应该增加什么功能有自己强烈的观点。但问题是，在这些观点里哪些是我们需要去倾听并且聚焦的？

为了给我们的实验挑选合适的实验对象，我们要考虑哪些订阅者有可能参与这种在线社区，并且有数据支撑。

- **测试主题：**订阅者上传有关他们孩子乐高作品的照片和视频。
- **待满足需求：**能有地方和其他用Pley的父母谈论他们的爱好。

在这种情况下，我们无须产生多种设想，因为我们发现了一群很有希望的人，可以通过对现有名单的数据挖掘来验证我们的创意。

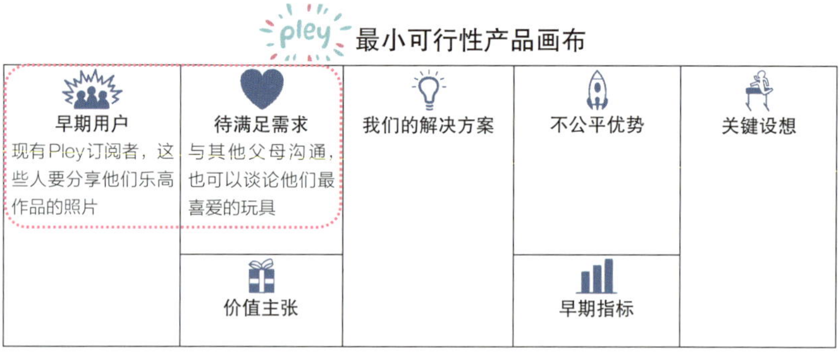

在接下来的几章里，你会明白我们从对Pley的研究里找到了些什么，而这些认知又使开发团队如何获得工作的重心。

将解决方案与用户价值联系起来

许多企业家，包括我自己在内，都会先执着于自己的解决方案，再去考虑这个方案如何为特定人群解决现有问题。但现实是严峻的：人们并不关心你的解决方案，他们关心的是找到最简单、最方便、最有效的方式来满足自己的需求。

你的解决方案是一个设想，而不是一个给定项。当你把传递客户价值作为开始时，你会意识到对于客户所面临的问题其实有许多可能的解决方案，并不是只有你心目中的那一个。

为了建立这种联系，请写下一份高水平的简短描述，说出你所设想的解决方案，也就是你的“电梯游说词”（指在乘电梯的短暂时间里就可以说服客户的有效游说词）。通过问自己下列问题，将这份电梯游说词与你的价值主张联系起来：

- 我的解决方案对于客户的待满足需求是如何响应的？
- 从他们的角度来看，我们提供了哪些独特的价值主张？
- 与外界的所有事情相比，我们的解决方案有什么不同之处？

客户价值与待满足需求相关联

如何区分客户价值主张和待满足需求？做到这一点你可能还有困难，因为它们之间密切联系。客户需求总是存在于问题范畴里，即你的项目是否在其中；你的价值主张则存在于解决问题的范畴里，它是你的解决方案和客户需求之间的联系体。

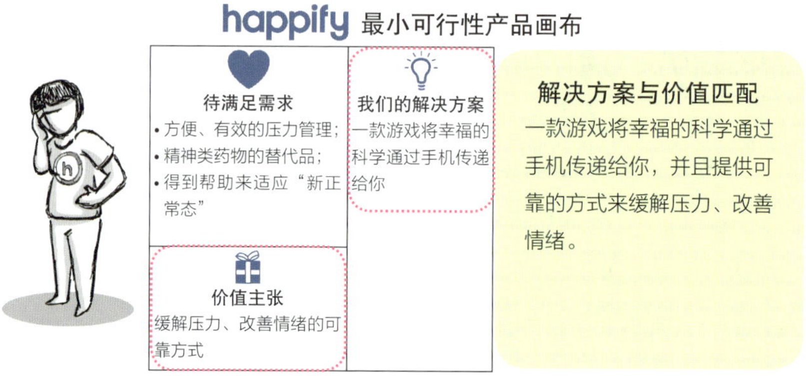

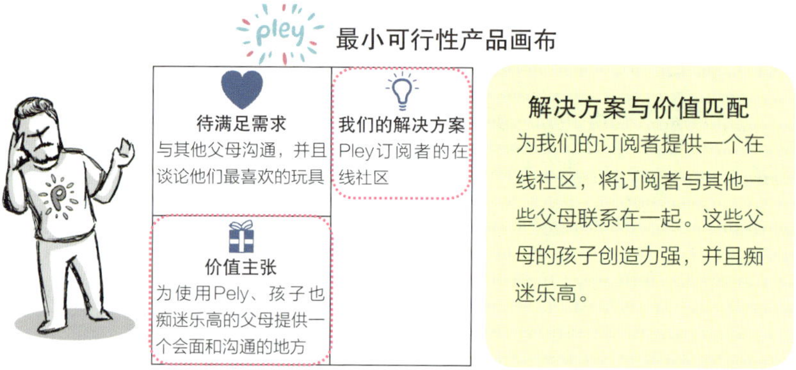

定义不公平优势和早期指标

接下来，你要写下你的不公平优势，如你的团队有什么特殊技能、资源、联系以及知识，来实现这个创意。

勇往直前地着手做下去，并且在分析你的研究结果时把不公平优势放在心上，这将帮助你在面对客户反馈时，能够把注意力集中在你的愿景和热情上。

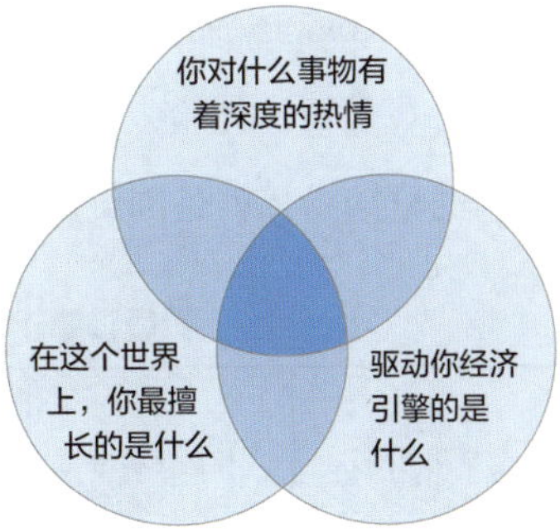

刺猬概念

为了定义你的不公平优势，需要从“刺猬概念”中获取灵感。刺猬概念是吉姆·柯林斯在《从优秀到卓越》一书中提出的。根据这一概念，你得问自己：我对什么事物有热情？在这个世界上，我们最擅长的是什么？别人为什么要相信这支团队、这个项目？

那些打造出持久价值的公司对于上述问题都有着优秀的答案。把这一点与经济引擎结合起来，你就会迈向成功。

早期指标

对于你无法测量的事情，你就无法改变它。当你在早期使用者身上做主题研究时，你没有足够的数据来做A/B测试，所以要选择一项与你产品目标有关联的主观指标。在即将到来的实验中，简短地记下一两个你能够测量到的相关数据，比如：

- 偏好：老版与新版（用来重新设计）；
- 参与度：使用产品的意愿；
- 价值：为产品付费的意愿；
- 非专业人员评分：将产品推荐给其他人的意愿。

对于Happify来说，我们的不公平优势就是运营和出售一家成功的休闲游戏公司的经验，以及将幸福的科学带给更广大用户的个人热情。我们的早期指标就是围绕用户给予产品原型积极的反馈打造出来的。

happify 最小可行性产品画布

早期用户	待满足需求	我们的解决方案	不公平优势	关键设想
• 进取心十足的企业家，面临巨大的压力； • 最近被诊断为抑郁症的专业人士； • 正在经历人生重要转变的人，比如育儿、失业、搬迁或退休	• 方便、有效的压力管理； • 精神类药物的替代品； • 得到帮助来适应"新正常态"	一款游戏将幸福的科学通过手机传递给你	• 运营和出售一家游戏公司的经验； • 对于该主题领域的个人情感	• 人们需要一款基于移动端的解决方案，来应对情绪上的挑战； • 人们愿意为这款解决方案付费（对手就是那些免费的替代方案）； • 我们能够推出一款提升你的幸福水平的游戏，并且效果是可测量的
	价值主张 缓解压力、改善情绪的可靠方式		**早期指标** 对于我们最初的产品原型或积极或消极的反馈	

对于Pley来说，我们的不公平优势是强大的内部研发团队，这支团队能够带来快速增长的服务。我们的商业目标是减少用户流失，所以我们同意寻找达成上述目标的解决方案。

pley 最小可行性产品画布

早期用户	待满足需求	我们的解决方案	不公平优势	关键设想
现有Pley订阅者，这些人要分享他们乐高作品的照片	与其他父母沟通，也可以谈论他们最喜欢的玩具	Pley订阅者的在线社区	内部研发团队带来的快速成长的服务	• 订阅者希望能够参与一个在线Pley特定社区； • 参与这一社区将减少订阅者的流失
	价值主张 为使用Pley、孩子也痴迷乐高的父母提供一个会面和沟通的地方		**早期指标** 减少用户流失	

在所有的设想中找出优先处理项

现在该准确描述并排序你的设想了，找出其中要优先处理的设想。

要生成一份排序名单，首先得把你目前写在最小可行性产品画布上的所有设想都看一遍。问一问自己：这些设想里哪一个最没有把握？哪些一旦被证实是错误的，会给整个项目带来毁灭性影响？

你的目的是把高风险设想按照优先处理的顺序写下来，形成一份表单——这里的高风险设想是指你没有把握的，但在你的项目中处于核心位置的设想，尤其要注意你的画布左侧。你的设想的早期用户是谁？他们的待满足需求是什么？对此，你的解决方案和价值主张是什么？

这份表单出来后，你要进行哪些用户研究也就基本明确了。这样，你的设想将更加真实可测。把那些看上去很明显，其实还有待证实的东西写下来，然后将表单上对于公司前途至关重要的设想识别出来。哪些设想可能让你的整个项目或公司失败？哪些让你感觉到紧张？哪些要求你得集中注意力去应对？

做好准备进行高价值实验

既然你现在已经理解了如何填充你的最小可行性产品画布，并且学会了给设想排序，找出优先处理设想，接下来就可以进行你的高学习价值实验，并且从零开始，创建一款引人入胜的产品了。

在下一章里，你将学会如何使用这种分析手段规划你的产品发现研究，并且为成功做好准备。

/ 最小可行性产品画布清单 /

现在轮到你了。回答这些问题，把你的最小可行性产品画布填写出来。如果你正在测试好几个不同的设想，或许会想填出好几个画布来。

访问网站gamethinking.io/booknotes，下载一份免费的工作单用于你的项目，想要获取更多的游戏化思维书籍资源，也可以访问这个网站。

准确描述产品设想和用户设想

谁会成为你首批 25~50 个狂热早期用户？

你的产品能满足他们怎样的需求？

对于这些人的需求，你有什么解决方案？

怎样的价值主张把你的解决方案和早期用户的待满足需求联系在一起？

识别出关键能力和早期指标

为什么是你？为什么是这支团队？你的关键能力是什么？你的不公平优势是什么？你的最佳位置在哪里？你有什么秘密武器吗？

你会用哪些早期指标来衡量是否成功？为什么使用这些指标？

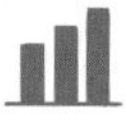

列出优先要处理的最高风险设想

在你的项目里，哪些设想是最需要进行测试的？为什么？哪些设想如果被证伪就可能酿成灾难？

起草电梯游说词

我们正在开发……

目标用户是……

开发出来后，这些目标用户就能……

/ 产品战略的制约因素和突破捷径 /

最小可行性产品实验之所以会失败，经常是因为善意的人们对早期产品开发缺乏本质上的理解。当你在打造并且开发最小可行性产品时，要当心这些前进道路上的制约因素，它们会减缓你前进的速度。

制约因素 1：大规模市场的幻象

跌跟头的团队之所以会遇到挫折，是因为他们直接去寻求更广阔的市场，而没有经历非常关键的一个阶段——找到并点亮他们的早期用户。这些团队经常被大规模市场幻象误导。这些人很聪明，能够看到产品的目标在哪里，也能看清产品未来会变成什么样，但就是看不清产品现在是什么样。他们不愿意把精力集中在早期市场上，他们眼里只有大规模市场的宏伟蓝图，早期市场里那一小撮用户根本不入他们的法眼。问题在于，如果你在打造某样创新性的事物，却没能抓住并点亮你的早期市场，你就不会再有机会去考虑自己能不能获得大规模的市场。

突破捷径：在进入主流市场前，先点亮早期市场

如果你在打造某样创新性的事物，主流市场用户既不会理解你的创造，也不会给你反馈，供你来改进产品。相反，你应该找到并点亮那些高需求、高价值的早期用户。

制约因素 2：热情的信仰者

当早期用户在剖析你的创意时，你需要超人般的克制力才能够不动声色地倾听下去。最近我所共事的一个产品创建者急于进行早期用户面谈，

并且确信自己是一个冷静、客观的面谈者。在面谈时，他的企业家热情占据了主导，他情不自禁地在一开始就问了一些关于产品的问题，并且试图获取用户的反馈。为了对抗这种与生俱来的冲动，我们训练了一个更年轻的人去进行面谈，让企业家进行监督，并提炼面谈草案，主导数据分析。这让我们得到了诚实的反馈，我们也需要用这种反馈把产品塑造成一种今天拥有成千上万付费订阅者的服务。

突破捷径：不带感情色彩地、尽早地、经常性地测试创意

避免过度纠缠于你的创意；相反，通过早期使用者和一个冷静的面谈者来测试并提炼你的创意。

制约因素 3：过度崇拜数据

有些人拜倒在数据分析的“圣坛”下，他们相信有操作层面意义的研究，必定包含A/B测试以及成千上万个数据点。如果你是在优化一个已经存在的产品，这么做很好。但如果你想要实现某些创新性的事物，那这种做法就没用了。（除此以外，还没有打造出来的产品连用户都没有，又何谈A/B测试？）

过度崇拜数据的人经常把自己塑造成真理的捍卫者，将任何品质研究都视为不科学的研究。比如，我们曾经与一家快速成长的创业公司合作进行网站的重新设计，在核心功能点上，我们模仿了几个不同的方案，并进行了测试，然后发现了一个可以满足我们商业目标的卓越设计方案，早期用户也对这个方案给出很高的评分。但随即一个项目经理就带着一份议程否决了我们所做的原型效果图，他认为“太小了，无足轻重”。现在这家公司的网站被重新命名，有了新的标识和色彩，布局和功能都没有任何变

化。先前存在的商业问题一个都没有解决。

突破捷径：用客观的测试来证实价值主张

创新首先来自早期原型，而数据分析则要来得晚一些。要明白何时才要同时使用早期原型和数据分析。

制约因素 4：“高光”捍卫者

所谓的“高光”捍卫者很难去想象，草图和线框图如何会演化成一些很棒的东西。他们会被光鲜的视觉图愚弄，把一些东西想得太好，而实际上这些东西并没有那么好。

对于一款已经完成的产品，视觉效果确实很重要，没有人会宣传一些丑陋的、难以使用的东西。然而对于早期的发现来说，追求光鲜的视觉效果反而是一个重大的制约因素。我曾经有一个客户，他是一个非常聪明且年轻的首席执行官。他找到我时，拿着非常漂亮的模型，认为这些模型已经“接近最终的产品”了（实际上并不是）。他坚持认为，我们要拿给早期用户的每一样东西都必须是这么漂亮的，于是我们的进展非常缓慢。更糟糕的是，整个团队都在纠结我们所创造的美丽视觉效果，当我们发现核心价值主张方面存在问题时，团队却对这些实验结果非常抗拒，产品最终失败了。

突破捷径：为了快速迭代，请让产品的视觉效果单纯而精简

无论从技术上还是从感情上来说，产品光鲜的视觉效果一旦形成，就难以更改了。

切尔西·豪关于初创者犯错的论述

切尔西·豪

一名游戏设计师，当地game jam①社区的组织者和创意总监，喜欢为那些失败者和局外人提供指导和帮助。

我喜欢观察第一次上手的设计师制作游戏。他们往往“贪多嚼不烂”。

初创者通常都会拿出一个创意作为开始，然后反复修改。他们并没有一个持续一贯的设想，因此他们更容易陷入对单一功能的追逐而不能自拔。

对于初创者来说，很难让他们停下手头的工作去评估现有信息，他们认为那是浪费时间。如果你觉得所创造的事物最终都会百分之百地出现在对外发布的版本里，那你就是愚蠢的。你得把失败看成迭代过程的一部分。

---

① game jam是指一群游戏开发者在24小时或48小时内规划、设计和创建出一个或多个游戏。——译者注

克里斯蒂娜·沃特克关于设计思维的论述

克里斯蒂娜·沃特克

一名设计师、教育工作者和作家。她曾经为雅虎、领英、聚友（Myspace，一个社交网站）和星佳（Zynga，一家社交游戏公司）工作。她现在在斯坦福大学教授用户体验和设计思维课程。

当我刚开始听说“设计思维”这个词时，觉得完全是一派胡言。我觉得这是某些人把以用户为中心的设计理念重新换了个包装，以便能够卖钱。

随即，我被邀请去哥本哈根学院教授互动设计。我用一个星期的时间让学生们了解了我的企业家课程，他们在一个星期内明白了如何能让产品和市场契合起来。这让我非常震撼——他们如何这么快就明白了这一点？

我意识到那是因为他们在每一个步骤中都使用了设计思维：他们与其他人谈话的方式，他们管理数据的方式，他们制作原型并且测试的方式。当我回到家里时，我把设计思维纳入了我的课程中。

创业公司不会有很多时间，因此你得抓住一切机会使自己变得更快、更有效率，并且紧紧地抓住它。

第 2 章

草拟一份有意义的产品简介

有时候，我们会以极高的效率去做一件根本不应该做的事情。没有什么是比这个更没意义的事情了。

——彼得 · 德鲁克

在第 1 章，你学习了如何明确你的产品战略，并且把自己关键的设想清晰地表达出来。对这些设想所进行的实验要植根于简洁明了的产品启动模型。坦率地说，这是你将面临的最困难的任务之一。

你觉得自己的产品创意很棒，人们肯定会爱上它，这很自然；而要挑战这种想法，并且在自己的创意中寻找错误之处，这就难多了。其难度和发现自己创意中的正确之处是一样的。

要抵消这种必然的趋势，最好的办法之一就是具备怀疑精神，并且对于你要打造的事物创建一些替代性的设想。如果你能够开发出多个彼此不同却互相关联的创意，并且进行测试验证，相对而言，你就不会太执着于一个特定的结果，而是让最佳选择浮出水面。

创新的阶段门模型

关于产品创新，有一个已经被普遍接受的理论，即阶段门模型。这个理论能够帮助我们理解创新是如何奏效的。1986 年，罗伯特 · 库珀在其撰写的《在新产品中脱颖而出》(*Winning at New Products*)一书中，让阶段门模型广为人知。根据阶段门模型，产品创新分为几个发展阶段，各阶段之间由“决策门”分隔，只有在各阶段脱颖而出的创意，才能穿过决策门进入下一个阶段。

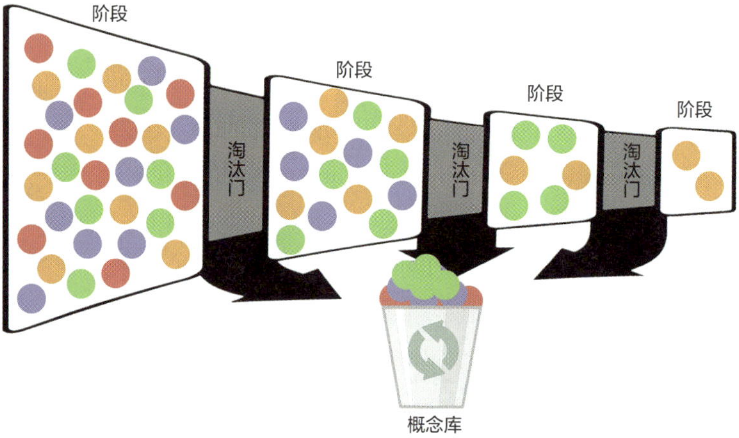

在项目早期，你的目标是测试许多小的创意，对于那些在这一过程中能够赢得资源的创意，让它们穿过决策门继续发展下去。在你继续前进的过程中，你所要跟进开发的创意越来越少，却越来越重要。最后，你会打造出一款单一的清晰的产品。

我曾经与一些最成功的游戏工作室和技术创业公司共事，它们都遵循上述流程。游戏化思维的背后是引导性的力量，也是你寻求真相、增加成功机会的强大工具。

撰写产品概要

一个优秀规划的关键，在于从最终目的着手向回倒推。遵循这一原则，现在我就告诉你如何撰写一份产品概要的草案。这份草案会告诉你，你的产品是什么，以及你要如何验证你的创意。它包括三个部分：

- 第一部分是产品战略，即我们在打造什么。
- 第二部分是用户认知，即我们在学习什么。
- 第三部分是核心枢纽或坚持，即接下来打造什么。

在你获得上述所有问题的答案之前，要尽早起草这份草案，这样就能很好地提炼目前的思维，并且设想出聪明有效的验证计划。在测试你的设想时，你将根据已经获取的信息更新你的产品概要，并且概括出接下来所要采取的步骤（见第 11 章）。这将帮助你调整行动方向，并且帮助你向股东、承包商和同事传达你的想法。

产品战略：我们在打造什么

在产品概要的第一部分，你得简明扼要地写一下你现在的产品战略。你得清楚，通过早期用户检验你的创意后，你会更新产品战略。

起草电梯游说词

你将以一份电梯游说词作为开端，这是一份关于你想创造什么的清晰声明。产品是为谁打造的？对于这些人，产品为什么会有价值？

你的游说词必须足够简短，乘一

次电梯的时间就能说清楚，并且向目标听众提炼出关键价值主张，要做到尽可能的简单、清晰。

下面有一份电梯游说词模板，用这份模板可以告诉全世界：你要带来什么样的产品？产品是针对哪一类人群的？你要解决的是客户的什么问题或需求？

电梯游说词

我们在打造什么（简要描述你的产品概念）。

我们在为谁打造（对产品需求迫切的核心用户）。

这样你能（解决用户问题，满足用户渴望，瞄准用户痛点）。

你的电梯游说词是一份可以验证的设想，设想的内容包括你的产品、你的市场和你的团队。很快，你会用早期用户来验证、改进你的这些设想。因此在这一阶段，不要担忧这么做是否正确，只要写下你当时的想法即可。

包含前期的最小可行性产品画布

在这一部分还要包含你最开始的最小可行性产品画布（见第1章）。这里会需要更多关于产品和客户设想的细节，以及你打算优先验证哪些设想的清单。当你在撰写电梯游说词时，可以将上述答案作为指导——这两份文件应该互相呼应。

通过早期用户验证你的创意后，你要根据情况的变化和你所了解到的情况，来更新你的画布和游说词。

前期的最小可行性产品画布

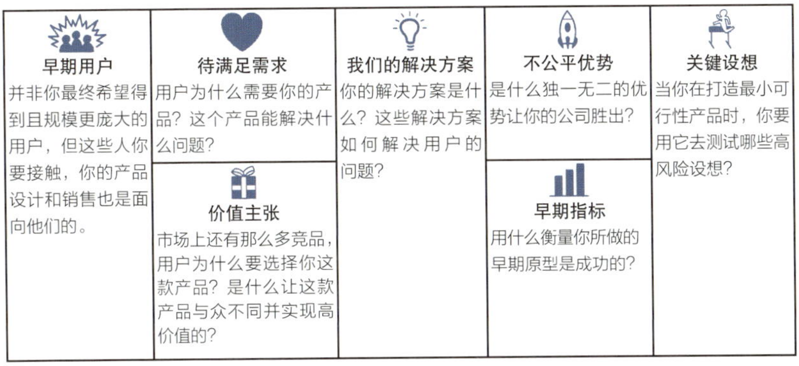

用户认知：我们在学习什么

这一小节要总结你会如何验证你的设想，以及你希望收集到怎样的用户认知。

超级粉丝漏斗

在游戏化思维中，我们使用了一个被称作“超级粉丝漏斗”的三阶段流程，来加速产品和市场之间的匹配。在接下来的几章里，你会详细地学到这个漏斗是如何奏效的，以及如何把这些强有力的技术运用到你的项目中。

既然你还没有着手做研究，就可以利用这个机会，草拟出一份项目所需要的研究计划，并且想一想，你要如何依靠你的早期用户来识别、强化你的项目需求。

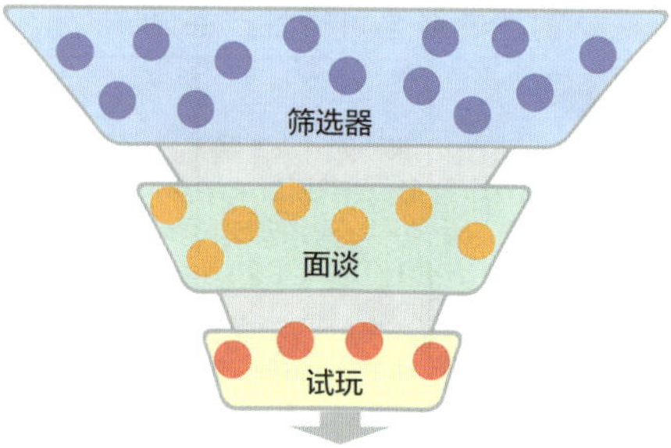

制订你的研究计划

从最小可行性产品画布上审视你的早期市场设想，并且问一问自己：

- 我们首先进行测试的是什么人群？如何找到他们？
- 哪些设想要首先进行测试？为什么？
- 我们能否马上开始，或者说，是否存在一个"门控事件"，即某一事件发生了再开始？
- 我们是在线和人们取得联系还是通过手机，或者面对面沟通；抑或兼用上述方式？

> **研究计划**
>
> 什么人：拥有某些特征的××人群。
>
> 什么设想：设计早期访谈或试玩，用来验证设想1。
>
> 什么时候：距离"门控事件"还有××天。
>
> 什么地方：地理位置，如在线、面对面等。
>
> 什么目标：调整我们的核心系统，根据设定的方向获取早期反馈。

当然，你能获得怎样的答案取决于项目和用户的具体情况。下面是我们为Hppify和Pley撰写的研究计划概要，还有它们最小可行性产品画布中的答案。

每一个项目我们都以简短的面谈开始。设计出这些面谈的目标，在于验证我们的产品核心创意，并且让我们能够进一步理解用户的待满足需求（见第 4 章）。

happify 研究计划

什么人：最近告别就业大军且孩子还很小的父母。

什么设想：设计一些访谈，了解这些人对于一款幸福类游戏的需求。

什么时候：只要我们识别出潜在的主题即可开始（非“门控事件”）。

什么地方：在线、使用手机或网络电话。

什么目标：验证我们的总体方向是否正确，目标用户的假设是否正确。

happify 最小可行性产品画布

早期用户	待满足需求	我们的解决方案	不公平优势	关键设想
• 进取心十足的企业家，面临巨大的压力； • 最近被诊断为抑郁症的专业人士； • 正在经历人生重要转变的人，比如育儿、失业、搬迁或退休	• 方便、有效的压力管理； • 精神类药物的替代品； • 得到帮助来适应“新正常态”	一款游戏将幸福的科学通过手机传递给你	• 运营和出售一家游戏公司的经验； • 对于该主题领域的个人情感	• 人们需要一款基于移动端的解决方案，来应对情绪上的挑战； • 人们愿意为这款解决方案付费（对手就是那些免费的替代方案）； • 我们能够推出一款提升你的幸福水平的游戏，并且效果是可测量的
	价值主张 缓解压力、改善情绪的可靠方式		**早期指标** 对于我们最初的产品原型或积极或消极的反馈	

pley 研究计划

什么人：爱玩乐高的孩子的父母（订阅者）。

什么设想：通过访谈验证他们对 Pley 社区的需求。

什么时候：一旦我们确认出了潜在主题即可开始（非“门控事件”）。

什么地方：在线、使用手机或者网络电话。

什么目标：证实我们的产品创意以及价值主张。

pley 最小可行性产品画布

早期用户	待满足需求	我们的解决方案	不公平优势	关键设想
现有Pley订阅者中，这些人要分享他们乐高作品的照片	与其他父母，也可以谈论他们最喜欢的玩具	Pley订阅者的在线社区	内部研发团队带来的快速成长的服务	• 订阅者希望能够参与一个在线Pley特定社区； • 参与这一社区将减少订阅者的流失
	价值主张 为使用Pley、孩子也痴迷于乐高的父母提供一个会面和沟通的地方		**早期指标** 减少用户流失	

有没有注意到，上述项目研究计划与项目最小可行性产品画布是如何关联起来的？早期用户和待满足需求，你得确保你自己的研究计划和你的设想在这两点上关联起来。当然还有一点，就是你想首先进行验证的高风险设想。

关键结果和观察模型

在验证了设想之后，你可以总结一下你的发现，并且重点关注那些相关性最高、最值得关切的测试结果。然后你要根据这些新的情况来更新你的产品战略和产品设计，再决定接下来该做什么。

现在，看一下你刚才草拟的研究计划，并且想象一下通过与早期用户的讨论，你能得到怎样一种模式或洞见。对于即将要去验证的设想，你希望听到用户的何种习惯、需求和新的创意。

这里有一些模式样板让你能够开始行动。召集你的团队进行一场头脑风暴，将这些模式运用到你的项目中，并且看一下怎样能碰撞出火花。

- **模式样板 1：** 我们的许多目标用户喜欢做什么（即日常习惯）。
- **模式样板 2：** 我们的一些目标用户认为……（即观点或信念）。
- **模式样板 3：** 和我们对话的一些人希望自己能够实现……（即待满足需求）。
- **模式样板 4：** 我们目标用户中的少部分人愿意为……付费（即你的服务）。
- **模式样板 5：** 我们大部分目标用户都尝试过……（即你的主要竞品）。

在产品概要的所有内容中，这些设想是你将在接下来的几周里要进行验证和改进的。如果对于核心用户你已经有了认识和感知，那么继续下去，把它们加到这份设想的名单里，它将帮助你了解用户的内心世界，并且聚焦于你的研究。

这是一些我们为Happify和Pley提出的一些基于假设的设想。

happify 模式

模式 1：他们喜欢这个创意，但并不确定这个创意是否对他们奏效。

模式 2：他们希望我们的游戏在视觉外观上、玩者体验上类似 ××（他们已经熟悉的一些游戏或产品）。

模式 3：他们对这款游戏很感兴趣，但不会为它付费。

pley 模式

模式 1：他们已经参与了多个在线社区。

模式 2：他们想要和其他拥有相似爱好的父母会面。

模式 3：他们希望在分享照片和视频时，能够有更好的功能支持。

在试玩之后，我们对上述模式进行了更新，提炼出我们所获得的信息（见第 11 章）。

重要的是：接下来打造什么

你的产品概要的第三部分，是基于目前已经知道的信息，你打算接下来做什么。现在你已经对最小可行性产品画布这个概念很熟悉了。现在，我想向你介绍alpha（阿尔法）测试——AKA[1]现场测试、纵向测试或者初步测试。

在这一早期阶段，草拟出你的alpha测试大致是什么样子是非常有用的。一旦你确认了自己的创意，并且收集到客户的数据，你就可以

① AKA即also known as（也被称为）的缩写，当某人或某事有广为人知的别名时，可以用AKA来介绍。——编者注

更新并且反复迭代你的alpha测试计划，从而对你的产品和用户的更多细节和洞察进行验证。

软件发布周期

在软件开发方面，通常有4个阶段：

- **前alpha阶段：**软件测试之前的所有活动，包括寻找用户、项目规划、需求收集、任务分析、竞争分析等。
- **alpha阶段：**产品的一个早期未完成版本，已经包含了一些核心系统。
- **beta（贝塔）阶段：**功能完备的版本，需要验证、调试和纠错。
- **发布阶段：**软件去除了漏洞，准备向公众发布。

许多企业家渴求产品能够迅速发布，这样他们就能获得有关自己创意的反馈意见。但如果你想打造有意义、扎实的产品，只有通过一些早期核心用户来进行私下的alpha测试，才能让你走得更远更快，并且为你长期的成功奠定基础。

草拟alpha测试计划

工作时从目标出发，并由目标进行倒推——本着这一精神，你要草拟一下alpha测试创意。这次测试是一次具有高度学习目标的测试。对你的核心系统而言，这将是持续好几周的测试，大概需要25~50人，持续4~8周。

问一问自己：

- 为期 4 周的测试中，我们所能使用的最早版本是什么样的？
- 进行重要主题测试的 25~50 人会是谁？他们是否有时间和意愿参与此项测试？我们能够在哪里找到他们？
- 在 alpha 测试期间，我们能够测试哪些设想？哪些征兆可以表明这些设想得到了验证？

上述问题的目的在于让你的思维能够继续前进，并且使你能够在项目剩余的部分里聚焦、优化自己的工作。或许你没有上述问题的所有答案，这没有关系。下面有一个模板，你可以用它开始你的测试。

alpha 测试研究计划

什么人：拥有某些特质的 × × 人群。

什么设想：一次为期 × 周的测试，用来验证（设想 1、设想 2、设想 3……）。

什么时候：距离“门控事件”还有 × × 天。

什么地方：地理位置，如在线、面对面等。

什么目标：获取对于我们核心系统和功能的早期反馈。

并没有完全通用的 alpha 测试形式。对于 Happify 和 Pley 来说，我们创建出 alpha 测试计划是为了满足上述两个项目的需求。Happify 的目的是测试产品的工作版本，所以我们会把用户带到我们位于纽约市的办公室内进行测试。

happify alpha 测试研究计划

什么人：最近告别就业大军且孩子尚年幼的母亲。

什么设想：对于早期版本游戏里的单个活动进行 4 周的测试。

什么时候：一旦这个活动的早期版本被创建出来就准备好了。

什么地方：面对面，地点位于纽约市的办公室。

什么目标：我们游戏里所提供的核心诉求和趣味点，用户是否喜欢？

Pley的alpha测试计划的目标，在于检验通过使用YouTube（视频网站）打造在线视频社区的创意。为了支撑这个目标，我们创立了一个在线测试计划。

pley alpha测试研究计划

什么人：喜欢在线分享照片的孩子的父母。

什么设想：在Pley的YouTube渠道上发布4周的内容，并组织为期4周的竞赛。

什么时候：一旦我们生产出内容，就开始组织竞赛。

什么地方：在线，通过YouTube。

什么目标：验证我们关于家庭教育内容的创意。

即便你还不知道你的研究将如何展开，想象一下alpha测试如何进行、有哪些人参与，你也能受益无穷。

如果你的研究计划和设计活动是从目标出发倒推回来的，你的设计工作会变得更加聚焦、更有效率。此外，这将为你的下一步任务做好准备，即发现并重点关注你的核心超级粉丝。

/ 产品概要清单 /

现在轮到你了。回答这些问题，草拟你的产品概要。

包含前期的最小可行性产品画布和电梯游说词

以最小可行性产品画布开始你的产品概要和电梯游说词，这些都需要你写在第 1 章的工作单里。

规划你要进行的访谈：什么人、什么设想、什么时间、什么地方、什么目标

为了发现你的狂热早期用户，你会和谁进行交谈？这些交谈会发生在什么地点、什么时间？你试图验证的产品创意和价值主张又是什么？

想象一些习惯模式

在早期用户身上，你会发现哪些已经存在的行为模式？

规划你的游戏测试：什么人、什么设想、什么时间、什么地点以及什么目标

哪些早期用户可以参与游戏测试？游戏测试在什么时间、什么地点进行？你在游戏测试中所要验证的高风险设想又是什么？

/ 产品概要的制约因素和突破捷径 /

制约因素 1：缺乏内部支持

如果你的组织并不熟悉上述以设想为驱动力的测试，你就无法快速前进。当你的同事没有相应的技巧和经验去进行这些测试时，缺乏内部支持就会发生，所以他们会忽视他们无法理解的事物。或者这些人已经秉持了“快速启动，然后看情况调整”的原则，却没有真正理解一次成功的启动背后究竟蕴含着怎样的规律。

突破捷径：找到并培养一个能够为项目保驾护航的内部支持者

为了应对这种迎面而来的挑战，必须在内部找到并培养一个支持者，从而使自己获取资源和支持。在理想的状态下，你应当与这样的人为伍：他们渴望学习前沿技术，而这种技术会引发突破性的创新，这些人也愿意和你的项目相伴始终。

制约因素 2：缺乏一个能够聚焦的小规模早期市场

广撒网，没有明确的目标用户，肯定会使一款产品的发展在早期就脱离轨道，因为这种产品不会让任何人眼前一亮。如果你无法让团队聚焦于一个小规模、特定的早期市场，那么你的创新就很难成功。在很多时候，一个着眼于大规模市场的空想家容易把目标设置得太大，而不知道该如何实现。

突破捷径：运用超级粉丝漏斗，聚焦特定的细分用户群

超级粉丝漏斗模型是如何避免这个问题的呢？它的办法就是帮助你找到合适的用户，来发掘产品、验证产品，即使超级粉丝漏斗是聚焦一批早期测试者。和你的内部支持者一起工作，从而获取你所需要的支持和资源。

制约因素3：过早地过度开发软件

尽管你和你的团队有着良好的意愿，但如果你让自己的潜在用户在充满漏洞、外貌丑陋的软件版本上进行互动，哪怕你视野再广阔，情感上也很难过得去。许多创业公司试图打造他们自己的alpha测试版，但开发、打磨出来的却更加接近beta测试版。这会毁灭你获取早期反馈的黄金机会，并且让你走上一条不那么美妙的路径。

突破捷径：明晰并沟通你在alpha测试阶段将要实验的设想

要避免这个陷阱，我所见过的最好办法就是，明确你到底想了解什么信息，并且设想出速度最快、成本最低的方法来获取相应的信息。

丹・库克关于阶段门理论的论述

丹·库克

一名顶级游戏设计师，也是独立游戏工作室Spry Fox的联合创始人，著名的游戏设计博客“失落的花园”（Lost Garden）就是他撰写的。

在游戏行业，我早期吸取的教训是：失败是非常非常有可能的。即便你做得再出色，你梦想中的创意能够实现的可能性也依然很小。

为了提升成功概率，我使用了一种很流行的产品开发模型——阶段门。想象一个漏斗，在漏斗的顶部，是早期概念阶段中很小的一部分实验。

然后有一个门，它会问你一些问题，比如这个游戏原型能够对用户产生至少 15 分钟的吸引力吗？为了提升游戏的趣味性，我们的改进速度是否足够快？

在这一阶段，你设想出了好几个概念。在每一个阶段门前，你淘汰掉比较弱的概念，把其余的推进到下一个阶段；而剩下的概念，你也会淘汰掉一些。你不断地做这件事，直到最终向全世界公布一两个概念。

凯瑟琳·伊斯比斯特关于研究的论述

凯瑟琳·伊斯比斯特

游戏及可播放媒体中心的负责人，这家机构位于加利福尼亚大学圣克鲁兹分校。凯瑟琳还是《游戏如何感动我们：情感设计》（*How Games Move US:Emotion by Design*）一书的作者。

当一个学生有了创意时，我总是说："让我看看这个创意蓝图中的其他东西。你的创意与众不同之处在哪里？凭什么说与别人的创意相比，你的创意更棒？"这是很重要的第一步，但许多紧张的设计师却忽视了。

我还让他们出去转转，他们的游戏所针对的目标人群喜欢去哪儿，他们就去得去哪儿转转。比如，如果你想设计一款适合在地铁上玩的休闲游戏，那么就去乘坐地铁，并且暗中观察人们是如何玩手机的，他们是否切换任务，他们与附近的人又是如何产生关联的。

注意在这个场景中发生的事情，并且将观察到的信息融入你的游戏中。

第二部分　共情

打造一些只有一部分人渴望的东西。
即便大部分人还不能马上接受它，也要这么做。
/
保罗·布赫海特
创业孵化器 YC 公司合伙人
/

如果你想带给用户欲罢不能的产品体验，你的目标就得瞄准特定人群，并且理解他们的需求。与用户共情，是设计师思维和精益式用户体验设计的基石。学习与用户共情的系统性方法，能够帮助你改进自己的设想，调整你的系统，并且增加你的成功概率。

第 3 章

找到产品的超级粉丝

早期用户为了使自己的需求得到满足，不惜花费成本，忍受产品的荒谬与粗粝之处。

——埃里卡·霍尔，
《足够的研究》（*Just Enough Research*）

想要获得成功，找到正确的早期用户至关重要，而且做到这一点并不容易。许多企业家都在这一步跌了跟头，他们都被告知："要走出办公室，去找人面谈。"于是他们真的这么做了。

但是当你采取广撒网的方式时，你得到的反馈是混乱的。你的朋友、家人和投资者都是支持你、关心你的，他们给你的意见也是热情洋溢的，只是这些意见也在可怕地误导你。

聚焦于你的早期市场

要想主动地与一个小规模初期市场，也就是早期用户发生联系，就必须专注目标、充满能量，并且保持谦卑。为什么要这么麻烦？因为这样做的回报是巨大的。你的早期用户可以实现：

- 无须手把手地指导就可以试玩产品的早期版本；
- 对于系统和功能的早期版本，给出准确的反馈；
- 在alpha测试及其之后的版本测试中，帮助你实现产品的核心社交体系；

- 传播你的beta测试版；当你准备大规模推广时，帮助你传播产品口碑。

如何发现你的超级粉丝

当你打算打造一样新事物时，你要从某个特定种类的用户群中获得反馈，这种用户具备4个关键特征。

超级粉丝特征

他们遇到了问题，而这个问题是你想解决的。
他们知道自己遇到了问题，这一点是首先要考虑的。
他们正试图通过手头现有的选项来解决问题。
他们对第三点中的“选项”并不满意，他们希望能有更好的选项。

我把这些人称作“超级粉丝”。这是一种简称，实际指的是那些高需求、高价值的早期用户。说他们“高需求”，是因为出于某种你并不理解的原因，他们对于你所打造的事物有着十分迫切的需求甚至渴望；说他们“高价值”，是因为他们能够清晰地表达，善于观察，并且有动机和精力帮助你把产品落地。换句话说，他们将是绝佳的alpha版测试者。

超级粉丝带来的众多好处

咨询公司尼尔森·诺曼集团进行的研究表明：你只需要5个测试者，就能知道你是否行进在正确的轨道上。但这里有个前提：这5个人必须选对，必须和你的产品和开发阶段相匹配。

在产品开发的早期阶段，你从 5 个超级粉丝那里得到的信息，要比几十个所谓目标用户更有价值，尽管后者也符合你的用户画像，并且觉得你的产品很酷。一旦你能够点燃超级粉丝，你的产品就踏上了成长之路。但如果你没有抓住这次机会，获得这些充满活力的早期用户的反馈，那你几乎就不可能跨越“鸿沟”，进入主流应用领域。

比如，在制作《摇滚乐队》时，我们知道要把这款游戏变成现实，首先就要抓住核心音乐玩家的心。这些狂热的早期用户，期待着更多更好的音乐游戏。因此在beta测试版面市以前，我们就让狂热的测试者提供了一些信息，并且创建了内容，从而让游戏对所有人来说都更有趣味。

超级粉丝都是“鸿沟前”的早期用户。他们在尝试新事物时，并不需要先在自己的社交圈里获得关于这一事物的口碑，因为他们的需求和渴望非常强烈。这正是你所要找的人：那些因为得不到你所提供的东西而痛苦的人。

超级粉丝筛选器

现在你要学习一门技术：从“谷物”中筛出“麦子”，这种技术被称作“超级粉丝筛选器”。由 6 个问题构成的简短调查，是用来吸引那些可能成为你早期用户的人的。这是你的超级粉丝漏斗的第一阶段。

当这个筛选器与第二阶段、第三阶段结合起来时，就能够提供给你一个强大的系统，用正确的用户来验证、检测早期的创意。

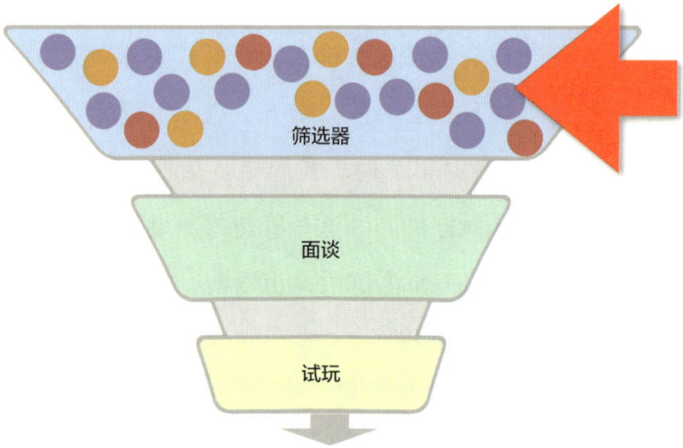

选择你的招募渠道

招募用户有很多渠道。通过哪一个渠道才能招募到你的早期用户，这取决于你目前与潜在用户的关系。

经验法则之一就是去超级粉丝可能去的地方招募超级粉丝。以下这些渠道可以考虑，同时我们还提供了一些何时使用这些渠道的指导意见。你应当同时尝试使用多种渠道，以防一种渠道没能奏效或者奏效缓慢。

直接发电子邮件。如果有现成的用户或粉丝清单，你可以直接给他们发电子邮件，并邀请他们参加你的筛选器计划。如果你有一份庞大的名单以及使用数据，你应当试着去接触名单上最前面那几个相关度最高的活跃用户。Pley的拉南·拉克曼就是使用这种技术招募了一批目标用户，这些用户积极地在线分享照片，他们代表了那些希望参与在线社区的人。

“朋友的朋友”社交媒体传播。社交媒体分享是另一条找到研究对象的绝佳途径。你可以自己分享招募信息，但使用“朋友的朋友”可能更有效，即让你的朋友和同事分享招募信息。这能够帮助你拓宽网络，并且找到你自己不认识的研究对象。他们试图取悦你的意愿可能更低，也因此更加坦诚。

在Craigslist（一家大型免费分类广告网站）、脸书和谷歌上发布招募广告。如果你瞄准的是一个垂直用户分类，比如狂热的爱好者、苦恼的学生或工作劳累过度的父母，那么可以在Craigslist、脸书和谷歌这些网站上发布广告，这样往往能够获得高质量的调查线索。记住，你得过滤掉“职业研究对象”，他们给出反馈的目的是获得酬劳，为了这一点他们什么都会说，而酬劳也是他们参与快速面谈的目的。

兴趣圈。你是领英、脸书或者其他在线社区兴趣圈里的一员吗？这些兴趣圈是找到超级粉丝的好地方。在贴出你的招募信息前，确保向兴趣圈证明你的价值所在，并且与兴趣圈的领导者确认，以确保你的信息会受欢迎。如果你还不属于这些兴趣圈，可以加入一个，并且在里面立足，或者请求一个隶属于相关兴趣圈的朋友代你贴出信息。

聚会与研讨会。在线招募用户既方便又能够扩充规模，但采用面对面招募的方式也可以获得很好的结果。如果你所在区域内有聚会，可以做一下自我介绍，并且在最后邀请别人参与你的研究。

如果你参与的是一次研讨会，会上有大量潜在的超级粉丝，你可以利用这个会议，在会前和会中将合适的人招募到你的测试里。你可以请求他们接受一次在线调查，或者直接问他们问题，并且记录下他们的反应。SAAS业务负责人梅根·马赫达维就用这种方法在

Dreamforce大会上为自己的产品筛选出超级粉丝，Dreamforce是每年举办的销售人员聚会。

付费研究服务。如果你时间不充足或者自己没有资源招募用户，可以求助于付费研究服务。你可以详细地描述自己在寻找什么样的人，这些付费机构会找来和你的描述相匹配的人。尽管花费不菲，但有时候也是寻找合适人选的最佳办法。

撰写招募信息

在发起调查之前，你得写一份简短的招募信息，描述你在找什么样的人，以及你能提供什么。下面这个模板可以让你开展工作。

招募信息

大家好！我们在寻找这种人（男性和女性），年龄XX~YY岁。他们是这样的人（超级粉丝的关键特征）。我们想请这些人参与一项（付费）调查研究，调查研究的对象是一款新的×××（高水平产品描述）。

如果你被选中参与调研，你将赚取每小时××美元，作为对您所付出时间的感谢。如果有意参与调研，请点击：

（筛选问卷链接）

谢谢！我们希望尽快获得您的回音。

真诚的（姓名，头衔）

下面有两份样本信息，用来在不同的招募渠道发布。

Happify在纽约市、旧金山和洛杉矶的育儿网站上发布了如下信息：

> 我们在寻找25 ~ 45岁、懂技术、拥有一部智能手机的父母，他们过去自助购买过图书或程序，并且渴望学习和实践一些日常习惯，这些日常习惯被科学证明有助于提升幸福感。

Pley向现有订阅者发出如下一封电子邮件：

> 我们在寻找那些热爱乐高的父母，他们很喜欢分享照片和信息，并且想帮助我们开发一个更有活力的社区，从而提升我们的服务质量。

写下你的筛选问题

现在，请写下你简短的筛选问题来识别早期用户。试着从6个问题（三个多项选择题、三个开放式问题）开始，然后对调查稍稍进行调整来匹配你的需求。这里有三个有效的打造超级粉丝筛选器的小窍门。

- **调查越短，你得到的回答就越多。**

你要忍住一种冲动，即把所有事情都问清楚，而是聚焦在那些能够让你获得恰当的回答，并且识别出超级粉丝的问题上。

- **行为是比想法更有力的信号。**

对于多项选择题，想一想哪些行为使你能够把对应的人识别为超级粉丝，并针对这些行为提问。

- **超级粉丝都在积极地试图解决问题。**

要识别出高需求的用户，你的筛选问卷里就要包含开放式问题，并从中揭示出这些人为了解决自己的问题、痛点以及满足自己的需求正在做什么。这样，你或许能在自己的领域里得到一些颇具竞争力的分析，这是一种意外的奖赏。

- **超级粉丝对于事情如何才会变得更好有自己的观点。**

筛选问卷里至少包含一个问题，让用户进行自我反省，比如事情如何做才能有所改进。

这里有一份调查问卷模板，来自我们和Pley一起做的客户意见调查。

Pley超级粉丝筛选问卷

多项选择题：

你的年龄范围？

有几个孩子和你一起生活？他们的年龄？

每周你的家庭玩乐高的频率是怎样的？

开放式问题：

你参与了哪个在线社区？

你会特意去寻找与乐高相关的网站或应用吗？

对你来说，这些网站或应用如何才能更有效地满足你的需求？

我们选择了一些人口统计学的问题，以便能够知晓回答者的家庭情况和玩乐模式。对于区分现有订阅者，这是两个很重要的因素。

我们希望能够既与男性交谈，也与女性交谈，因此我们没有在调查问卷中涉及性别相关的问题。我们还希望找到那些比较喜欢使用数字社区的人——这些人能很好地代表我们的早期用户，因此在我们的问卷里对于他们的使用情况提出了一些开放式问题，并且征求他们的意见：如何改进他们已经在使用或参与的网站和社区。

多项选择题暴露模式

认真了解早期市场需要你的关注与聚焦。你必须对某些机会说“不”，而对另一些机会说“是”。如果你的用户设想调查中包含针对特定目标的问题，那么这次调查就是一次收集意见和反馈的绝佳机会。

Pley知道，在他们的成人订阅者中，有孩子的父母和没孩子的父母需求非常不同。因此Pley的调查问题里就包含：每个家庭有几个孩子，以及这些孩子的年龄，从而估算有孩子的家庭和没孩子的家庭对于数字社区各自的兴趣和需求。

开放式问题揭示目的

你有可能会通过多项选择题过滤掉一些回答者。比如，这些人也许太年轻，也许太老，也许对于产品领域太不熟悉，也许没有合适的智能手机，也许并不是很常用一些特定的工具。

对于没有在人口统计学问题中被过滤掉的人，他们对于开放式问题的回答包含了一些信息，你可以用这些信息作为线索，识别出热心的早期用户，同时识别出那些并不符合你需求的回答者。让你的开放式问题与你的目标更加相关，才更能揭示你所需要的线索。

在一定的时限内完成你的调查

接下来，选择一个调查平台并且收集一些数据。谷歌论坛（Google Forms）和调查猴子（Survey Monkey）是两个绝佳的选择，不过只要你觉得合适，任何一个平台都是可以的。

事实上，在问卷发布后24小时内，大多数回答将输入平台完毕。为了得到最好的回答，你得给参与调查的人一个最后期限，比如，从你发布问卷后的 24 小时或者 48 小时内，并且告诉他们立刻填完问卷。这样确保你发布问卷的时候，大多数回答者都能进行回答。

精准分析并识别超级粉丝

一旦你收集到 50~100 份回答问卷，你就要过滤这些问卷，并且判定哪些回答者能够通过筛选。我推荐交通信号灯法，即通过三色信号灯过滤调查答案。以下是有效使用这种方法的方式。

- **红色 = 不**。他们不应当在你的关注范围内（年龄、性别或地点的关系），或者说他们给出的开放式问题的答案是极少的。
- **黄色 = 或许**。可以把他们作为候补。或许他们给出了简短的极少回答，或者从团队成员那里获得了混乱的观点。
- **绿色 = 是**。他们给出了相关度高、能够激发思维的回答，你迫切希望从他们那里获得更多信息。

大多数人喜欢在回收的调查问卷表格栏上，用绿色、黄色和红色标注。如果你很着急，可以在一开始就把那些最好的十几个回答者用绿色重点标注出来，然后再处理其他的。

记录关键回答模式

一旦你用颜色标注了你所回收的调查问卷，就要和你的团队一起坐下来，寻找数据中需要紧急处理的样品。这些样品所代表的想法、习惯、需求或痛点和你的兴趣领域有所相关，然后拿出几个样品，而不是只拿出一两个。

在分析数据时，要想搞清楚这些数据究竟意味着什么是很困难的，尤其当这些数据是你事先没有预料到之时。

比如，在我们与Pley所做的用户测试面谈中，我们就发现许多订阅者对于Pley设定的评论制度感到十分沮丧，他们希望评论能够帮助他们的孩子挑选正确的玩具。这件事让我们很吃惊，但还是引起了我们的注意。我们把这个发现记录下来，并且帮助Pley团队优化了他们的设定评论制度，还把这个问题作为他们接下来开发列表中的头等大事。

绿灯名单：10~15 个早期用户

一旦过滤完了你的调查问卷结果，你就得把 10~15 个回答者挑出来作为绿灯名单成员。这些人拥有你正在寻找的特质。比如，Pley的绿灯名单就包含了十几个痴迷乐高的父母，而且这些人拥有以下特质：

- 积极的平台搭建者，每个月会租好几套乐高；
- 孩子也痴迷于乐高——这是他们最喜爱的活动；

- 喜欢在白天搭乐高，晚上看搭乐高积木的视频。

而Happify的绿灯名单里包含大约20个拥有如下特质的女性：

- 最近刚刚告别就业大军的家庭妇女；
- 正在照顾年幼或正在读书的孩子；
- 有意愿改善自己的情绪，使自己变得更幸福而且更积极乐观。

你的绿灯名单将包含一些你所过滤出来的早期核心用户。在下一章里，你将学会如何过滤这份名单，同时收集到高价值的反馈，从而为你的产品设计提供意见。

/ 超级粉丝筛选清单 /

现在轮到你了。回答以下问题，为寻找到早期用户做好准备。

早期用户设想

对于你的产品，谁拥有最迫切的需求，并且还能够给予你关于产品早期原型的有效反馈？如果你有好几个设想，把它们都写下来。

竞争性分析

还有谁试图满足用户的这种需求，他们为什么失败了？

招募渠道

哪类人群、哪个地点、哪个渠道或者哪个活动可以为你提供招募早期用户的绝佳机会？

招募信息

写一份对外发布的招募信息，招募那些会有兴趣参与试玩新产品的人。

超级粉丝筛选问卷

写下三个多项选择题，过滤出你真正的用户，还要写下三个开放式问题，揭示出他们感兴趣的程度以及行为模式。

把通过发布招募信息获得的发现记录下来

哪个招募渠道效果最好？哪则招募信息效果最佳？

分析超级粉丝筛选问卷，把得到的模式记录下来

通过分析筛选问卷的回答，有哪些模式从中浮现出来？寻找普遍的习惯、需求、渴望和想法。

对答卷者进行排序

将答卷者分成三个群体：绿色 = 一定要和他们进行访谈；黄色 = 或许会和他们进行访谈；红色 = 不会和他们进行访谈。

后续信息

写下信息，邀请绿灯名单中的答卷者进行一次时长为 5 分钟的面谈。

写下信息，礼貌地拒绝黄灯名单和红灯名单的答卷者。

/ 超级粉丝筛选的制约因素和突破捷径 /

制约因素 1：错误匹配招募渠道

再强调一遍，用户调研之路上常见的绊脚石之一，就是没能选对合适的招募渠道，没寻找到合适的早期用户。

突破捷径：实验并校准招募渠道

为了避免渠道错误匹配问题扯你的后腿，用几次小的招募实验来校准你未来的招募渠道，从中发现真正有效的渠道，并加倍投入资源。

制约因素 2：无效招募信息

如果你的招募信息没有收到良好的回应，或者说如果你得到了许多对你的目标而言毫无意义的回应，请重写招募信息，并且再试一次。（我们给出的模板只是一个起点。）

突破捷径：对招募信息进行 A/B 测试

为了避免这个问题，你可以对招募信息进行 A/B 测试，从而找出真正有效的招募信息。试着写 2~3 份不同的招募信息，评估一下哪份最好，哪份能得到更多符合你目标的回应。

制约因素 3：无效堆积

如果你在一家较大的公司，或者企业文化比较亲密的创业公司里，你或许会碰到无效堆积问题。也就是说，并没有参与你项目的同事发现你正在进行一次调查，会试图增加一两个问题进去。这会导致你的回应率出现变化，并且搅乱你的数据。

突破捷径：对无效堆积说“不”

不要在调查问卷里出现这种无的放矢的问题。你可以对同事说：“还会有其他调查的。这次调查很短，并且聚焦于特定的人群。”

劳拉·克莱因关于挑选正确的人的论述

劳拉·克莱因

用户知道（Users Know）网站的负责人，以及《打造更好的产品》（*Build Better Products*）和《精益创业的用户体验》（*UX for Lean Startups*）的作者。

挑选正确的人并与之交谈。如果你打造的产品是给宇航员使用的，不要在其他人身上浪费时间，否则会导致你得不到有益的反馈。事实上，这么做所得到的反馈反而会把你引到错误的方向上。

产品的目标用户不要设定为“母亲”这样宽泛的人群。“母亲”太多了，她们之间有很多区别，不可能用一款产品让每一个母亲都满意。

挑选一个特定群体，你能与他们真正地交谈，并且让你开始看到这些人身上存在的一些模式，那会让你节省很多时间。

第 4 章

发现用户的相关习惯和需求

离开实验研究，所谓的感知只是瞎猜。

——劳拉 · 克莱因，《打造更好的产品》

在你试图打造任何事物之前，如果你想得到关于价值主张的反馈，最好的办法就是与潜在用户面谈，了解他们的习惯和需求。这种发现面谈可以采取不同的形式：

- 什么地点：面对面沟通、电话交谈，或通过网络电话、谷歌环聊之类的应用进行视频对话。
- 多长时间：5 分钟、20 分钟或者 1 个小时的交谈。
- 什么主题：问一些事先确定的问题，或者进行自由讨论。

上述形式中的任何一项都是有用的，前提是你访谈的对象是正确的，这才是最困难的部分：你聚焦于哪些人？你又要忽略掉哪些人？

对于哪些用户要首先予以聚焦，创新扩散理论给我们提供了一张路径图。首先要聚焦的是“鸿沟前”的早期市场。当你正在实现一个新创意时，注意早期市场的反馈，忽略掉其他的。

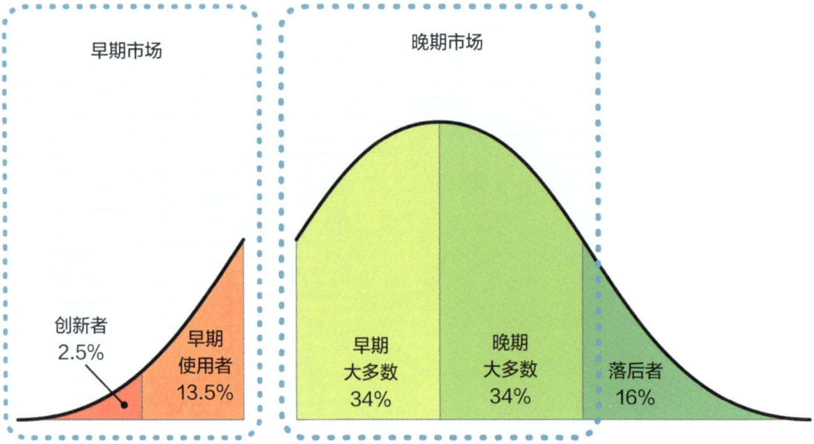

知易行难。区分出鸿沟两边的市场组成部分是很复杂的。在实践中，早期用户可能与早期大多数看上去非常相似，我们如何对两者进行区分呢？这里有一个简便的方法：

- **早期使用者不用社交圈的口碑，或只因别人的说服就会去尝试产品。**

他们很高兴能够找到你所提供的产品，并且帮助你塑造这款产品，因为这种产品解决了他们一个真正的问题，满足了他们的某种渴望，而且他们知道自己是有这种渴望的。

- **早期大多数是实用主义者，在开始使用产品前，先会去寻找社交圈里对该产品的口碑。**

他们自认为思想前卫，如果他们所欣赏的人首先尝试了某样产品，他们也愿意尝试。如果他们的痛点程度很深，或许会跃过鸿沟，成为早期用户。

通过快速面谈了解用户需求

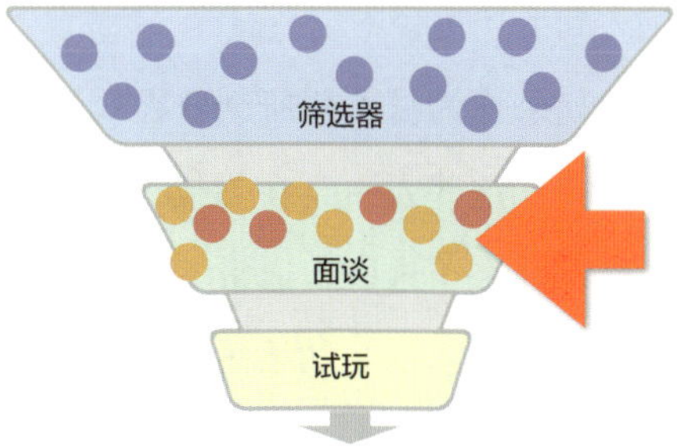

在第 3 章里，你们学会了如何创建一份筛选问卷，从而为你的产品、服务或者企业吸引到正确的早期核心用户。

现在你将要学习的是一项强大的技术——超级粉丝漏斗中的第二阶段，它被称为“快速访谈”。这些简短的对话能够让你识别出理想的参与试玩的玩家，并且揭示出用户的看法，从而加速产品设计流程。

简短而有启示作用的对话

快速面谈通常的时长为 5~10 分钟，设计这种面谈的目的是：

- 为产品准确识别出热情的试用者；
- 揭示你早期市场的模式以及看法，包括习惯、信仰、痛点和待满足需求，这些都能影响你早期的产品思维。

要想展开快速面谈，你需要一份潜在超级粉丝的筛选名单。

主动接触你的绿灯名单候选人

现在你得去接触一些人，并且让他们知道你要问一些跟踪性的、筛选性的问题。最好从绿灯名单里的人开始，因为对于你的开放式问题，这些人会给出最确切的回答。

如果已经有一些用户或粉丝参与到你的工作中，那就马上把他们纳入到上述过程中。

如果你为付费调研刊登在线广告，这一步将帮助你筛选掉专业调研用户。这些人一直在寻找参与付费调研的机会，你想听什么，他们就会说什么。这些人通常不会参与跟踪性的筛选面谈，因为对他们而言这太麻烦。他们如果来参与面谈，你要能迅速识别出来，并且把他们剔除掉。

真正的早期用户会渴望分享他们的观点，并且说一些他们在乎的事情。他们或许很感谢能够拿到报酬，但他们真正的目的在于获取机会，分享观点，以及被倾听。

下面是一封电子邮件的模板，你可以以此为起点，去接触上述名单里的人。

跟踪筛选面谈邀请函

亲爱的×××（受邀者）：

感谢参与我们的调查。我们获得了超过我们预期的大量回答，而你的回答属于最优之列。现在我们需要挑选出 10 个人参与我们最初几轮的测试。我们将通过电话或视频电话与你进行 5~10 分钟的筛选面谈。能与你通话我们很兴奋，也很希望你能够完全符合我们的条件。

面谈将会是快速而简单的。请挑选一个对你来说方便的时间（时刻表工具链接）。

谢谢！我们期待能尽快与你通话。

真诚的（姓名，头衔）

确保在定制这份邀请函时，让它与你的背景和用户相匹配。

5~10 分钟，2~3 个问题

在一次快速面谈里，你要询问一些具有启发性的问题，从而更详细地进一步获取你在筛选问卷里所要寻求的答案。你如何决定要问哪些问题？一个不错的选择是：在筛选问卷的众多回复中，会涌现出一些模式，对于这些让你意外并引起你兴趣的习惯、创意、想法和待满足需求，你会想了解得更多。这些早期的线索能够引导你沿着正确的道路前进，要么挑战你的产品设想，以及当初你充满热情的想法，要么证实你的产品设想和想法是正确的。无论是挑战还是证实，这对你探索早期市场、塑造产品创意都是有益的信息。

为你的面谈设置半小时的时间空当

即便你要和他们交谈 5~10 分钟，面谈中还是要预留半小时的时间空当。这会给你必要的时间弹性，或者为后面开始的面谈做准备，或者排除技术故障，抑或与你的团队做一个面谈后的简报。相信我，你将会为自己这么做而感到高兴。

确保面谈短暂而专业

与探索性面谈不同，快速面谈聚焦度高，它的目标就是确认面谈对象是否是一个有用的产品测试者。如果问的问题足够厉害，你会在几分钟内知道自己是否想和这个人进一步讨论下去。确保面谈短暂而且专业，你会得到更有益、更具操作意义的数据。由此，你的面谈对象也就能给你带来更多的帮助。

别犯我曾经犯过的错——面谈进行得很好，因此时间拖得很长。我曾经与一个面谈对象相谈甚欢，他非常热情，后来他提及我们原打算聊 10 分钟，结果却聊了 25 分钟。在那次面谈之后，他再也不相信我能够坚守时间的约定了。老天爷，我不会再犯这种错了。

调整你的问题，从而使信息获取方式最优化

快速面谈是获取轻型、迭代式信息的绝佳途径。在一开始的几个面谈中，你将迅速明白哪些问题最有启发性，哪些问题毫无用处。不要害怕调整你的问题脚本，聚焦最好的问题，其余的问题要么剔除，要么修正。这也是这项技术的美妙之处：你在寻找突然涌现出来的模式和用户的想法；在如何收集数据方面，你也有自由和弹性。

寻找超级粉丝的筛选问题

筛选面谈是获取快速、有操作意义数据的绝佳途径，它能帮助你检验设想，并且设计出正确的最小可行性产品。这里有 4 个筛选问题，可以让你发现超级粉丝，并且揭示出有操作意义的用户意见。

- **让我们看看你最典型的一天。在你的日常一天里，它（和产品有关的活动）处于什么地位？**

这个问题能够帮助你评估在这些人的生活里，是否有他们能够想起而你又可以解决的痛点。在很多时候，人们会自愿帮助你了解一些事情的细节，而这些事情正是你想知道的。当他们这么做的时候，你得坐回座位上倾听。只有想弄清楚某些特定事物时，你才可以追问一些问题来引导他们。比如，你打算给一款正在使用的平台做原型，你可以问一下哪台装置、哪款 App 和哪个网站曾经做过那个活动，而这些信息可以帮助你判断在哪里才能找到你的早期市场。

- **解决这个问题，你曾经尝试过哪些方案？对你来说，这些方案奏效了吗？是如何奏效的？**

我们都知道行动比言语更重要，而这个问题可以从一大堆用户里区分出真正的早期用户。从中你可以发现，他们已经采取了哪些行动来解决自己的问题或满足自己的渴望。对于糖尿病人来说，你可以询问他们为了控制血糖目前采取了怎样的方案，以及这些方案是如何影响（或没有影响）他们的生活的。

- **你的解决方案正在奏效吗？如果这个方案能够更好地奏效，你的生活会有什么改变吗？**

这个问题将帮助你评估他们的待满足需求或待满足渴望有多强烈、多紧急。他们的生活里是否有你能够真正解决的痛点？你可以记录下来，让它为你的现状服务。以糖尿病的解决方案为例，你得深入挖掘目前的解决方案给他们带来的困扰，以及这些困扰是如何影响他们的生活的。

- **（与产品相关的活动）如何才能变得更好、更简单？还有什么遗漏吗？**

结束面谈时，这是一个很好的问题。他们对改进现状的愿望是否强烈？他们是否主动提出新创意？问一下哪些方面是他们要改进的、哪些方面是有遗漏的、哪些方面可以变得更好。

不是每个人都以这种方式思考。有些人只是逆来顺受，不会主动提出改进的创意。你得找到那些有创意并且希望参与改进的人。

与搭档一起进行面谈

你可以在必要时与面谈者单独进行面谈，但如果能够和一个搭档或者一支团队一起进行面谈，你会得到更好的结果。在第一次面谈时，一个人问问题，另一个进行记录并且识别出模式；然后轮换，让另一个人记录，进行面谈的也换一个人。这样能够有许多双眼睛识别出模式，从而获得更好的结果。此外，你要训练你的团队，让他们习惯于使用这些节省时间的技巧。

用数据分析你的测试对象

一旦你完成了面谈，就要和团队一起遍历数据，寻找所出现的与产品相关的模式。一旦梳理完数据，你就会对谁是好的测试对象有所感觉。选择正确的人，他们会给你深思熟虑的答案，也是你早期市场的重要组成部分。

用第 3 章里提及的交通信号灯法迅速标记你收集到的数据。当把数据标识为绿色时，你要问自己：我是否渴望从这个人身上获取更多的信息？我是否想知道，他是如何看待我的产品的？如果你等不及想要从这个人身上获取更多信息，那就意味着你找到了一个好的测试对象。

Pley：快速面谈的成功案例

Pley的绿灯名单里全都是一些焦急的父母，他们的孩子痴迷于乐高，他们也急于让孩子的这种习惯性需求得到满足。

在先前的筛选调查中，一些模式就已经浮现出来，而在我们的面谈里，会对这些模式进行进一步的追踪。我们收集了一系列问题，然后通过网络电话与一些家庭，包括他们的孩子进行了面谈，这样我们就能看到这个家庭是怎样与计算机互动的。

以下是我们询问的问题：

- 让我们整体回顾一下你们家庭典型的日常一天。与乐高相关的活动在一天里到底占据什么地位？你们又是如何满足孩子对于乐高的需求的？
- 你们的孩子会使用与乐高相关的网站或应用吗？频率如何？什么时间使用？
- 在与乐高相关的体验里，最有趣的事情和最无趣的事情分别是什么？
- 如何才能让这些体验变得更美好、更方便、更幸福？还遗漏了什么？如果你有一根魔法杖，你会改变什么？

我们从数据中得知的信息并不是我们先前所预料的。父母并没有时间和兴趣去参与另外一个兴趣社区，这也否决了Pley所设想的解决方案，因此我们试图了解得更深，看看他们到底想要什么。我们得知，

父母常把电视作为照顾孩子的好保姆，但又担心孩子会看到成人节目内容。于是，这些作为Pley早期用户的父母想要一些创造性、指导性的视频，帮助他们的孩子从每一套租来的乐高里得到更多乐趣。

好极了！这种待满足需求与Pley一个衡量其成功与否的关键指标相关联——增加租赁时长。这引起了我们的注意。这些用户意见，成为Pley社区成功的最小可行性产品战略的核心。

/ 快速面谈清单 /

现在轮到你了。为那些绿灯名单的答卷者准备一些问题。

日常生活里的一天

“整体回顾一下你对（和产品有关的活动）的体验。（这些活动）在你的日常一天里占据什么地位？”

你现在使用什么服务？

“在你进行（和产品有关的活动）时，你使用的是什么（网站、应用、游戏还是服务）？在使用上述产品时，哪些体验对你而言是有效的？让你乐在其中的又是什么？”

比从前更好

“你在从事（和产品有关的活动）时，如何才能使体验变得更好、更方便或更满足？还遗漏了什么？有什么让你困惑或沮丧？如果你能挥舞一根魔法棒，你会改变什么？”

追问

对于筛选问卷上得到的重点回答要进一步追问，这能帮助你判断你面对的是不是一个绿灯名单中的答卷者。

/ 快速面谈的制约因素和突破捷径 /

当你在进行快速面谈和分析面谈信息时，注意以下几个制约因素和突破捷径。

制约因素 1：面谈时间进行得太长

当面谈对象很积极时，你会本能地倾向于一直问问题，但这有可能超出预定的时间。为了使面谈保持简短、专业，你必须聚焦于一些具有启发性的问题。你得迫切地从你们的对话里获取更多信息。

突破捷径：只问几个具有启发性的问题

选择几个具有启发性的问题。这些只是筛选性面谈，稍后你会有充足的时间和你的测试者深入沟通下去。

制约因素 2：最开始的问题就扭曲了结果

这种发现式面谈的目的在于发现习惯、发现需求、发现痛点。不要推销你的解决方案，也不要询问该如何定价，这会使你的谈话脱离正轨，并且扭曲了你的结果。

突破捷径：掌握模式匹配技巧

你的工作是成为一名模式匹配方面的专家。当你在梳理面谈结果时，寻找那些的的确确出现在信息中的模式，而不是你所希望看到的模式。

制约因素 3：面谈变得个人化、情绪化

当有人贬损或者喋喋不休地抨击你的核心理念时，你需要有极大的自控力才能冷静地回应。但情绪化的反应会剧烈地扭曲你的数据，并且毁了你的实验。如果发生这种事，首先请原谅自己，因为你毕竟只是凡人，然后试着成为一个记录者和模式发现者，让团队里的另一个成员继续进行面谈。

突破捷径：面谈时，采取礼貌而冷静的态度

当你在与用户面谈时，要像一个科学家一样思考，而不是以一个销售员的方式思考。做一个礼貌、冷漠并且客观的面谈者。这样做，你会收集到更多坦诚且具有操作层面意义的数据。别让你的情绪来驱动面谈，要让你的面谈对象有空间表达和释放自己的情感，从而主导整个谈话。这样做才能获得可用来操作的真实数据。

埃丽卡·豪尔关于倾听艺术的论述

埃丽卡·豪尔

穆尔设计（Mule Design）的联合创始人，还是《谈话设计》（*Conversational Design*）与《刚刚够的研究》（*Just Enough Research*）的作者。

当你与潜在的用户面谈时，最紧要的事情是保持安静。很多人觉得，面谈就是提出好的问题，并且展现出作为一名面谈者的技巧。但如果发现了正确的人，你的工作就是安静地在一旁，让那个人说话。

关于提出正确的问题这一点，不必担忧太多，你完全可以保持沉默。记住：你想要知道的信息，或许根本都没想到去问。

第 5 章

将用户意见转化为工作叙述

工作叙述让你聚焦于目标和背景。

——阿兰 · 克莱门特，
《当咖啡与甘蓝进行竞争》(*When Coffee and Kale Compete*) 的作者

恭喜！你刚刚学会了如何找到自己的超级粉丝，学会了如何发现早期核心用户的需求与渴望，现在，要将这些知识运用到你的产品上了。

要做到这一点，你得先把所了解到的信息综合归纳一下，从而推动产品的设计决策。

用户意见 ≠ 工作叙述

在这个节点上，许多人都犯了错误：他们会经常把自己的意见转变成用户意见，而用户意见会直接与产品特性相关。

如果你所处的工作环境对外界反应足够敏捷，你就会知道用户意见会迅速成为工程师试图打造的事物。这样一来，以下两者之间就出现了一条鸿沟：一是工程师要打造的事物；二是在与超级粉丝进行面谈时，超级粉丝说出来的事物。记住：你此时不是在打造产品功能，而是试图理解核心用户的需求、习惯和令他们感到沮丧的问题。

形式清晰的工作叙述

这里有一个更好的办法，能让你的意见成为产品设计依据的形式，你的产品团队也能使用它，它被称作“工作叙述”。

我最早是从Intercom公司（一个社会化客户关系管理平台）保尔·亚当斯身上学到这一方法的。保尔和他的团队是在“待完成工作”运动的基础上发展出这个概念的。“待完成工作”运动的发起者是克莱顿·克里斯坦森等人。工作叙述其实是一种特殊的用户意见，它与用户第一人称视角（POV）区别开来，并遵循以下模式：

工作叙述

什么时间——内部的、外部的或有一定条件的触发事件什么时候发生。
我想要采取（行动）——为了更大的目标而采取的一个小行动。
由此我能够（希望达成的结果）——价值主张或报酬。

与角色模型不同，工作叙述是以行动为导向的。它紧抓背景和目标，并且帮助你提炼研究数据，从而更好更快地打造产品。

从数据中发现模式

把你的用户数据转变成可以行动化的认知，首先要扫描数据，寻找与你产品相关的模式。尤其要寻找下列模式：

- 现存习惯；
- 待满足需求；
- 痛点；

- 创意或建议。

当心研究者偏见

研究者偏见就是倾向于寻找特定的结果，这是很难被克服的。如果你对产品创意充满了热情，你的情感就会轻易地占据上风并且把水搅浑。这会扭曲你的分析，并使研究无法得出真相。

要对抗这种自然而然的倾向，你就得注意数据中出现的模式，而不是仅仅去注意那些你正在寻找并且乐于证实的东西。要想做得更好，可以找几个人来一起看数据，这些人在情感方面的投入程度各不相同。如果你们能看出同一种模式，那就是一个很好的信号，因为你们成功地克服了研究者偏见。

通过工作叙述抓住关键认知

一旦你通过研究发现了关键模式，就要创建工作叙述，从而在可操作的形态中抓住这些认知。

比如，在为Happify所做的研究里，我们发现那些疲惫的母亲喜欢在送孩子上学后，在Pinterest（一个图片分享类社交网站）上浏览漂亮的超现实主义图片。

> 当我为了孩子忙碌了一天，终于能够有自己的时间时，
> 我想看一下有关我所渴望的家庭生活的漂亮图片，
> 这样我才能打起精神，摆脱日常生活中的单调与乏味。

在为Pley所做的研究中，我们发现有一些用户的孩子痴迷乐高，他们自己则非常渴望无拘无束地休息一下，而YouTube的广泛公开特性让他们感到很不满。

当我每天下班回家时，就想抓紧时间放松一下，
我想让痴迷乐高的孩子自己看电视，而无须我的监督，
这样我就能无拘无束地休息一下，而不必担忧孩子会看到不适合他看的节目。

在为《贪恋时尚》做研究时，我注意到时尚的女人在为重要活动进行打扮时，都喜欢与闺密或者家人进行合作。

当我要为一次重要活动穿衣打扮时，
我希望扫荡一下朋友的衣柜，然后让她给出穿戴建议，
这样我就能让她评估我的外表，我也能够更自信。

情感是工作叙述背后的驱动力量

所有这些工作叙述都有一些共同之处：一种情感上的纠结，推动当事人从一种状态转变到另一种状态。触发事件中一般都存在着复杂纠结的情感，而你所希望的面谈结果就包含了上述情感因素，这种因素告诉你他们正处于试图改变的某种状态。

Happify 上的妈妈从疲惫转为平静，
她们所使用的方式是把自己沉浸在美丽的、超现实的、振奋人心的视觉图像中。

Pley 上的父亲从负罪感转变为无拘无束，
方式是让自己的孩子去看具有教育意义的乐高视频，而自己不必去监督。

《贪恋时尚》的使用者从焦虑转变为自信，
方式是与闺密或家庭成员一起穿戴打扮，这样她们就能感觉到被支持，并且对自己的时尚选择感到自信。

情感纠结推动你的用户体验

这些情感纠结驱动你的用户体验，并且为愉悦的用户体验提供底部支撑。

与你的超级粉丝建立情感纽带

- 从理解超级粉丝的习惯和痛点开始。
- 写下工作叙述，抓住这些情感和待满足需求。
- 设计你的产品，通过这些情感上的纠结来得出满意的结论。

不要抛弃现有习惯

不要掉进一个普遍性的陷阱，即你的创意能够创造出全新的用户习惯。如果你试图提升产品的使用率和留存率，更简单的做法是不要抛弃现有习惯，而不是让某人仅仅为了你的产品去建立一个全新的习惯。

这就是你在刷牙时会使用牙线的原因：这个动作更容易记住，并且这些动作合起来形成了单一的习惯。

在进行研究时，如果你的研究对象所谈及的现有习惯与你的产品创意有关，就要引起你的特别注意。每天会发生的习惯很重要，但每周、每月会发生的习惯同样重要，甚至每个季度、每年会发生的习惯也很重要。这些都可能成为产品能够长期吸引用户的契机。

习惯叙述是一种特殊的工作叙述，打造它的核心在于现有习惯和待满足需求。这个强大的工具将帮助你识别出良机，让你能够传递用户价值，推动用户与产品的深度结合。

每一条叙述都包含着触发事件：一些线索和提醒，使用户开始习惯性的动作。正如我们之前提到的，你的工作叙述需要有一个从触发事件开始的情感纠结。

被情景触发事件启动的习惯叙述

现在想一想情景触发事件，如转变、惯例，以及其他构成用户日常生活，并出现在你工作叙述里的事件。比如：

- 使用Happify的妈妈在早晨送完孩子上学后回家，面对的是杯盘狼藉。
- 使用Pley的父母下班回家，想和自己的另一半喝一杯。
- 《贪恋时尚》的使用者要参加一个约会，但是不知道该如何穿戴搭配，需要朋友的帮助。

回顾一下，识别出数据里与产品相关度最高的情景触发事件，这能够帮助你发现习惯叙述，而习惯叙述能够帮助你设计出引人入胜的产品精通路径和学习闭环（见第三部分）。

把工作叙述与用户语录匹配起来

在综合分析关键信息时，你需要一种清晰准确的方式，把你所了解到的信息与团队和股东进行沟通。综合分析你所学习到的东西时，“叙述—语录匹配”是一种很好的方式。创建叙述—语录匹配，需要选择一个能够抓住关键问题的工作叙述，并且用研究对象的语录（或意思）表达出来。

使用Happify的妈妈在早晨送完孩子上学后回家，面对的是杯盘狼藉。

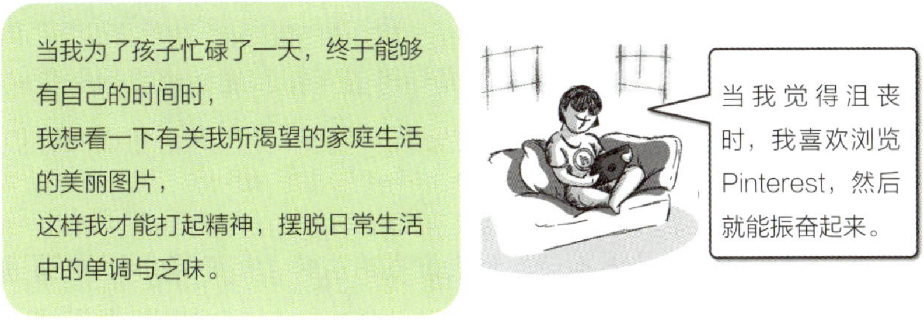

使用Pley的父母下班回家，就想和自己的另一半喝一杯。

当我每天下班回家时，就想抓紧时间放松一下，
我想让痴迷乐高的孩子自己看电视，而无须我的监督，
这样我就能无拘无束地休息一下，而不必担心孩子会看到不适合他看的节目。

《贪恋时尚》的使用者要参加一个约会，但是不知道该如何穿戴搭配，所以需要朋友的帮助。

当我要为一次重要活动穿衣打扮时，
我希望扫荡一下朋友的衣柜，然后让她给出穿戴建议，
这样我就能让她评估我的外表，我也能够更自信。

工作叙述是一座桥梁，桥梁的一端是问题，另一端是解决方案

我希望你注意到工作叙述里的一些要素：它们表明了问题和希望达成的结果，但没有特地指出解决方案。

这也是你要努力解决的问题。

工作叙述是一座桥梁，桥梁的一端是问题，另一端是解决方案。为了打造这座桥梁，确保你基于研究得出的工作叙述能够在问题范畴内进行表达，也就是说在用户自身范畴内，而不要在你希望引导他们进入的解决方案范畴内。

我们将通过这座桥梁前进到解决方案的范畴（第三部分），在那里

你将学会设计出一种引人入胜的产品体验，而使用的工具包括产品精通路径、学习闭环和社交行为矩阵。

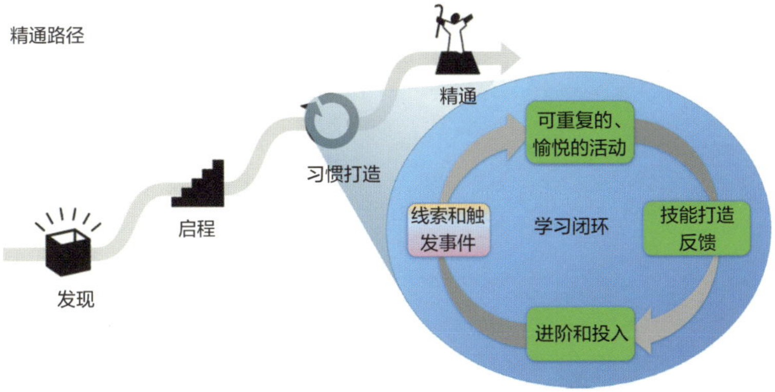

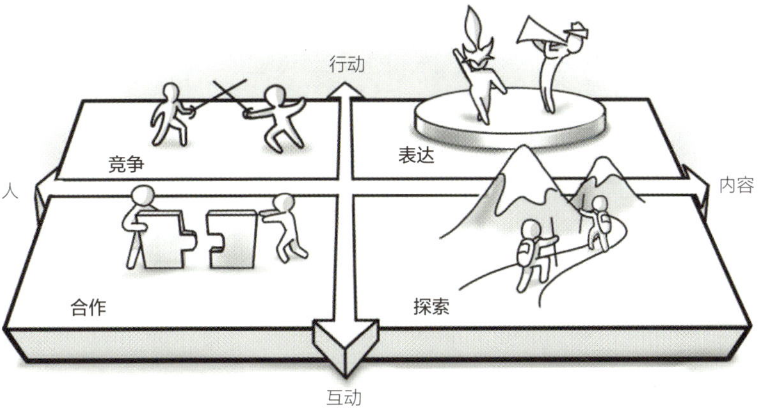

/ 工作叙述清单 /

现在轮到你了。总结从面谈中得到的用户意见，让你的团队准备好设计、打造和测试最小可行性产品。

现有习惯

早期用户的哪些现有习惯与你的产品息息相关？

与这些习惯相关的待满足需求和痛点都有哪些？你能够解决哪些痛点？

工作叙述

为了抓住用户需求、情感和目的，请用以下方式写出工作叙述："当（触发事件发生）时，我想要采取（设想的行动），这样我就能（期望达到的结果）。"

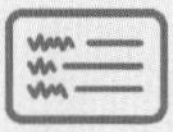

现有的触发事件

记录下在早期用户的生活中，已经存在的内部触发事件和情景触发事件。是怎样的情感或者动力促使用户来寻求你的产品？

是什么转变、日常琐事、活动或惯例会促使用户再度使用你的产品？

用户语录

用一句用户语录，来展现你基于研究发现的最有希望的结果。这里的用户语录，要么是某个人的确说过，要么是把几个人所说的话综合起来后你所发现的蕴含其中的模式。每一句用户语录，都要匹配对应的工作叙述或习惯叙述。

/ 工作叙述的制约因素和突破捷径 /

你在提炼用户意见时，当心一路上可能碰到的制约因素。

制约因素 1：过于依赖外表形象

在设计的世界里，角色模型是主题，并且很有用。然而，在产品发展的早期阶段，注重角色模型可能降低发展的速度，尤其当你试图聚焦于最小可行性产品时。

突破捷径：运用工作叙述和习惯叙述

让你的团队聚焦于产品的目标和背景，而不是人口统计学特征和执行层面的东西。

制约因素 2：研究者偏见

如果你存有偏见，那么在遇到与你的偏见相矛盾的反馈时，你需要强有力的自制力才能接受这种反馈。即便你正在试图得到最可信、最具操作意义的数据，情况也是如此。你不需要先进的模式匹配超级工具，只需要看清楚那里真正有什么。

突破捷径：客观性

对于数据体现出来的信息要客观、开放、诚实。如果你发现这么做充满挑战，那么让其他人分析数据，并且和你的数据进行比对。你所挑选的人，最好是对数据结果能抱有公正客观态度的人。

制约因素 3：没有现有习惯，无从着手

如果早期研究揭示不出引人入胜的习惯叙述，你仍然可以获取有关用户需求的工作叙述。然而，要想打造人们日常使用的习惯很困难，除非你能发现一种现有且还在起作用的习惯，并以此作为产品的基础。

突破捷径：建立新习惯或寻找不同的早期用户

如果你的产品与用户习惯之间并不存在什么连接，那你就无从着手了。如果真的如此，你有一个选择：让你的产品为用户创造一个新的习惯（很难，但不是不可能），或者找到另外一批早期用户，他们有能够让你着手的现有习惯。

保罗·亚当斯关于工作叙述的论述

保罗·亚当斯

一名居住在都柏林的设计师和研究者，也是用户通信公司 Intercom 的产品副总裁。

工作叙述都是偶然发生的。我们以前都在看克莱顿·克里斯坦森的“要做的工作”理论，并且试图把它运用到工作上。我们发现了一套话术来描述某些事应当怎样起作用：“当我想要（目的）时，我就会想去（行动），这样我就能（期望达到的结果）”。比如，“当我报名参加一项服务时，我想要介绍一下我自己，这样我就能确保让他们觉得我是很重视这件事的”。

我在博客上曾经写过一篇关于视觉设计的帖子，里面有一份关于工作叙述的附录。一些人认为工作叙述是一种可实践操作的实用工具，于是他们很快踏上了成功之路。

今天我们还在使用工作叙述。在一个项目的早期阶段，我们会很频繁地用到它；在整个项目的进展过程中，我们还会用它来检验项目情况。

工作叙述让我们能够一直诚实下去。

杰西·谢尔关于倾听用户声音的论述

杰西·谢尔

谢尔游戏公司的游戏设计师兼执行总裁，这是一家教育兼娱乐游戏设计公司。他也是卡内基–梅隆大学娱乐技术领域的教授。

我还记得创建《仙子世界》（*Pixie Hollow*）时的情景，这是一款为女生打造的大型多玩家游戏，是基于电影《奇妙仙子》（*Tinkbell*）改编的。当时我们已经做出了一整套的设计，并且自我感觉很好。那时我们说："在着手进行产品生产之前，我们得先和女生聊聊，看看她们对这玩意儿的感觉如何。"

我们不会告诉她们我们是这么想的，我们只问一些简单的问题，比如，"如果你是一个仙子，你会怎么做？"我们当时觉得自己知道答案，但事实上我们错了。因为女生给出的答案是"飞"。

我们之前还从来没想到过"飞"这个答案，因为我们都把注意力聚焦在《奇妙仙子》这部电影上。而在电影里，会"飞"不是仙子很显眼的技能。我们立刻改变了计划，于是在游戏里，你可以每分每秒都在"飞"。

早期与用户沟通的确非常重要。

第三部分 设计

设计看重的不仅仅是看上去或感觉怎么样，
而是它的功效如何。

/

史蒂夫·乔布斯

/

在这个部分，你将学会如何增加对新事物的理解力，并且以用户的现有习惯为基础，打造产品与用户之间的连接。随着时间的推移，这套框架工具会帮助你如同游戏设计师那样打造你的最小可行性产品，并且让用户在你的核心产品体验里找到乐趣。

第 6 章

为产品设计一条独特的精通路径

让你的用户升级，而不是让你的产品升级，即让人们更加擅长做他们希望擅长的事物。

——凯西 · 谢拉，
“深入浅出”（Head First）系列图书创办人

既然已经把用户意见综合归纳成工作叙述，那你现在就应该着手产品设计了。在这一章里，你将学会如何驾驭人类天生向往进步和精通的冲动，并且将之转变成产品设计。

精通路径工具的基石，是长期用户体验的4个阶段。使用这一工

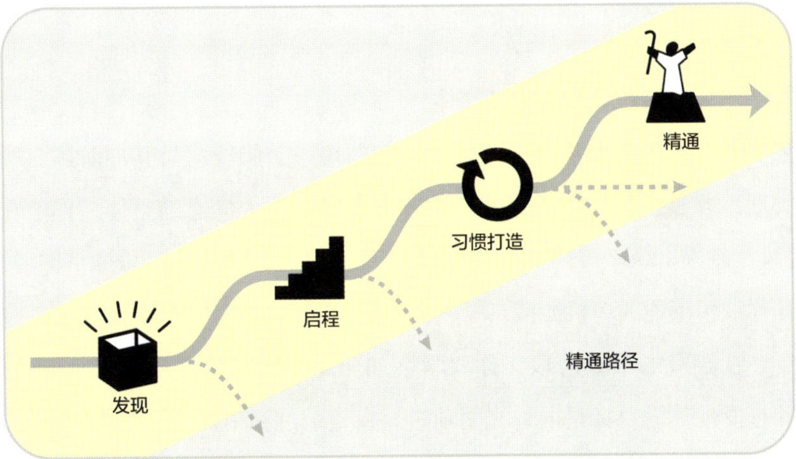

发现

访客发现了你的产品，对产品形成了一种印象，并且决定他们是否要继续使用。

启程

用户迈出他们的第一步，熟悉产品情况，并且从产品体验里得到价值。

习惯打造

固定用户周期循环地使用产品，表明他们找到了一直在寻找的产品亮点。

精通

专家已经培养出他们的技巧并且精通整个系统，为获取更多的资源做好了准备。

具，你就能草拟出一种产品体验，这种体验能够帮助你的用户更加擅长他们所希望擅长的事物，周期是 30 天或 60 天不等。

精通路径：从用户到英雄

我们从自我决定理论中获悉：人们行动的目的是获取有意义的进步。在玩一款游戏时，你获得了技能与知识，从而让自己能够直面更大的挑战。用讲故事的术语来说，这就是典型的“英雄之路”。

在产品设计术语中，你带领着用户踏上一条学习之路，这条路将在某种程度上改造他们。你的用户是他们自己故事中的英雄——整个故事在他们的脑海中展开，叙述了通过使用你的产品他们会成为什么。换句话说，整个故事是关于什么的，故事又是如何展开的。

这也是你的精通路径所要回答的问题。

一个连贯且令人满意的整体

在一个设计精良的游戏里，体验的每一个阶段都与其他阶段有所关联，并且所有个体因素一起合并成连贯且令人满意的整体。你能在《风之旅人》（*Journey*）中看到这一过程。《风之旅人》是一款激情四溢，让你欲罢不能的单机游戏。

在游戏的早期阶段，你要学会如何走路、如何跳跃、如何飞行，并且发现你的目标是向着光明前进。在整个过程中你会碰到许多障碍，揭开谜题，发现许多背景故事，并且在沙漠里碰到其他玩家。在完成游戏后，对你的奖励是一个含义模糊却让你久久无法释怀的结局，然后游戏会邀请你重玩一遍，从而让你能够用自己新发现的知识帮助新玩家。

《风之旅人》打造出了极强的现场感，并且在用户重玩时揭示出了不同的体验层次。用现代游戏玩家的标准来看，这款游戏很简短，因为你能在 2~4 小时里完成游戏。然而第一次玩和重复玩，它都会带给玩家一种非常满意并且强烈的体验感。因为通过叙事技巧，这款游戏为你铺开从“菜鸟”到达人的蜕变之路，并且给你足够的想象空间。

你无法完全复制《风之旅人》那样级别的游戏体验，但许多游戏设计上的技巧能够给我们灵感。精通路径的设计目的是帮助你实现逐步展开的体验，从而堆叠出连贯且令人满意的整体。

那么，不管你是否在打造一款游戏，你该如何创建有意义的前进道路，并且让你的用户成为英雄？

技巧、知识和关系

一开始就要识别出用户正在培养的技巧、他们正在获取的知识，以及他们在使用产品时与你建立的关系。以上每一项都可能是个人转变的潜在原因。

以上原因为打造一种产品体验提供了基础，这种体验能够黏住你的用户数周、数月甚至数年之久。问一问你自己：

- 我的用户更擅长哪些他们所希望擅长的事物？
- 当用户黏在我的产品上时，随着时间的推移，他们能获取怎样的技巧？
- 用户想要提升哪些指标，是什么让这些指标对他们而言有意义？
- 随着用户不断的进阶，有什么新的能力、通道或者特权会向他们开放？

比如，在Happify的发展早期，我们所聚焦的人群是那些刚刚告别就业大军的妈妈，她们有强烈的改善情绪和提升总体幸福感的意愿。我们的目标就是教会她们参与那些已经被科学证明了的活动，从而提升她们的幸福水平。

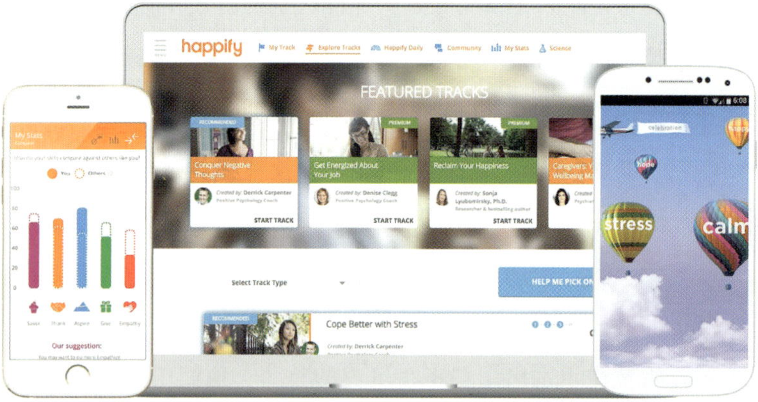

© 2018 Happify, happify.com

在表面上，这些用户希望在使自己幸福这件事上更加擅长，但深入探索就可以发现，她们真正需要的，是用简单方便的办法来改善自己的情绪，包括暂时的情绪和长期的幸福感。为了完成这个任务，我们得帮助她们形成并且坚持一种幸福习惯，这样她们就能从这些已经被证明行之有效的活动中长期获益，而这也正是我们所做的——用精通路径来指导我们达成目标。

现在轮到你了，学会这套体系，从零开始，为你的产品建立深度的黏性。

第一阶段：发现

给别人留下怎样的第一印象，从来都是一锤子买卖。你的产品体验都是从发现开始的——访客通过朋友、社交媒体或者广告听说了你的产品的那一刻，就是发现。这也是对于产品的期待最开始形成的时刻，某个人要么被创意吸引，要么被价值主张吸引（听上去值得一试），来尝试这款产品或者排斥这款产品（不是我的菜，跳过）。

想让发现变得有效，极端重要的一点就是针对你的核心体验和价值主张，打造出清晰的信息传递机制。你的目标是吸引到正确的人，并且过滤掉那些不适合、不需要或者不渴求你的产品的人。

你越知道你是为了谁在设计产品，你的“发现”信息传递机制就越能目标明确，用户获取渠道也就越有针对性。

有时候，用户会口头表达他们对产品价值主张的看法。如果你的产品符合当初的承诺，那就是个很好的消息。比如，当我要出国时，几个朋友都告诉我可以用语言学习软件多邻国（Duolingo）学习一门新的外语。我决定看一下应用商店里关于这款产品的描述和评价，这些都证实了产品的价值主张，也证实了产品所受到的广泛赞誉，于是我下载了它。

写下你的发现叙述

访客感兴趣的是适合他们自己的事物。他们会问：这东西适合我吗？我在它身上花费时间值得吗？它为我解决了什么问题？你的发现叙述应该从访客的角度回答这些问题。

用下面这个模板写一份发现叙述，从而理解你对这个问题的设想，即如何发现、评价和检验你的早期市场。

> **发现叙述**
>
> 当我第一次听说这款产品时，
> 我想要理解这款产品的价值主张（产品蕴含着什么适合我的东西），
> 于是我能够判断它是否值得尝试。

如果针对一个发现叙述你有好几个创意，请把它们都写下来。你的工作就是清晰地表达设想，然后收集数据来对这些设想进行升级和提炼。

第二阶段：启程

启程是访客转变成新用户的阶段。要把启程理解为给新用户灌输理念，因为登录的用户渴望从产品体验中获取价值。好的启程系统邀请他们进入，让他们对产品产生黏性，并且帮助他们熟悉情况。

你的启程应该采取怎样的形式，取决于你的产品、定位和目标。你可以像多邻国那样简洁而直奔主题，让用户迅速进入状态。

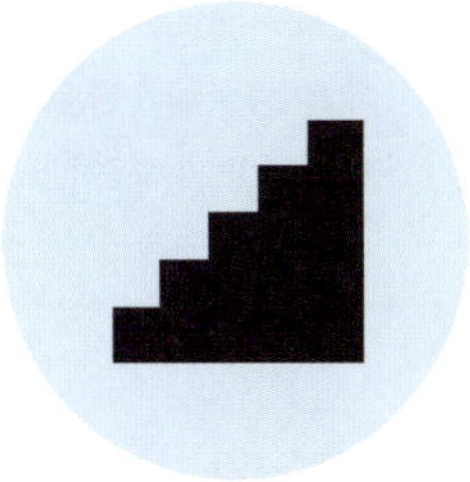

你也可以像Lumosity那样。这是一款大脑训练应用软件，在启程阶段，通过与你的表现目标和目前健康习惯的对话来黏住你，然后给你指定一些游戏，从而黏住你的感观和认知系统。

撰写你的启程叙述

有效的启程系统帮助用户获取知识，打造技能。它还设定了用户调性，让他们了解在产品里能得到什么。新用户或许想知道：

- 产品系统是如何运转的？
- 我如何能够熟悉情况，并且开始获得价值？
- 在这里，有什么是我需要的？我为什么要为它投入时间？

你的启程叙述应当回答上述问题，以下是启程叙述模板。

如果知道你的早期用户在寻找什么，你就可以写出一份坚实的启程叙述。如果你在这方面并不是很确定，那么草拟出一份能够准确表达你最佳猜测的叙述。在上述任何一种情况下，你都可以拥有一个设想，并通过真实的用户去检验、提炼这个设想。

启程叙述

当我第一次加入这个体系时，
我希望感受到我是受欢迎的，我希望能熟悉情况，并且达成一些小目标，
这样，我就能快速地从体验中获取价值。

第三阶段：习惯打造

怎么做才能把一种体验变成习惯？对于我们每个人来说，这个问题是极度个性化的。当一款游戏、应用和服务能够在恰当的时机击中我们的痛点，满足我们的需求，并且有合适的社会背景，我们就会成为它们的习惯性用户。

比如，我使用推特，是把它当作工作间隙的茶水间活动，因为这种习惯符合我的需要和生活风格，并且帮助我与全世界的同事保持联系。与我女儿形成鲜明对比的是，她用 Musical.ly（一款音乐类短视频社区应用）和朋友分享自己假唱的视频。每一款产品都会让一些人产生强烈的习惯，对另一些人则完全无效。

用基于产品的习惯叙述将新用户转变成固定用户

如何把一个新用户变成固定用户？那就是打造一种欲罢不能的习惯。这或许包含理解升级、应对新挑战或者深化人际关系。现在是时候设想一下，你的核心产品习惯会是什么。为了做到这一点，你要撰

写一份基于产品的习惯叙述，描述使用你的产品的场景。这份叙述包含反复上演的黏住用户的活动，以及让用户感到满意的地方，而后者能让用户持续使用产品。

从你的研究中识别出有价值的观点

从你的研究中识别出有价值的习惯叙述，并以之作为开始。问一问自己：

- 是什么现实的需求或习惯能够驱使用户使用我的产品？
- 通过使用我的产品，他们能够得到怎样的技巧和能力？
- 如果没有那样的技能，他们是否会感到不安或焦虑？

回答这些问题，将帮助你打造一种体验，让你的用户不断地回到产品上。这里有几个习惯叙述的模板，你可以使用它们：

习惯叙述 1

当我日常在这里登录时，
我想看到新鲜的内容、活动、挑战、比赛或人，
这样，我就能获得满足感，也就是获得了我所需要的结果。

习惯叙述 2

当我日常使用这个产品时，
我希望得到更优质、更个性化的推荐和内容，
这样，我就能通过我所投入的时间获取更多的价值。

以现有习惯为基础

围绕现有习惯设计你的产品体验，这是提升产品留存率和使用率最可靠有效的方法。

比如，我们的Pley用户研究显示，孩子的习惯一般是在夜晚观看视频，这使得孩子的父母对可靠的、适合家庭播放的内容产生了需求。这一情况也为产品战略提供了一个关键要点，避免他们浪费资源去打造没有需要或需求的东西。

当我每天下班回家时，就想抓紧时间放松一下，
我想让痴迷乐高的孩子自己看电视，而无须我的监督，
这样我就能无拘无束地休息一下，而不必担心孩子会看到不适合他看的节目。

我们的Happify研究揭示出用户在送完孩子上学后，在进入下一项家务劳动的过渡时间里，有浏览Pinterest的习惯。这种情况也督促我们去做一个用户体验的关键点：把类似于游戏的展现方式改为Pinterest那样的展现方式，即放满了美丽而又振奋人心的图片。

当我为了孩子忙碌了一天，终于能够有自己的时间时，
我想看一下有关我所渴望的家庭生活的美丽图片，
这样我才能打起精神，摆脱日常生活中的单调与乏味。

第四阶段：精通

每一年，我们家都会去卡扎德罗家庭表演艺术夏令营（Caz）“朝觐”，从而度过美妙的一周。其间，我们会把日常生活中的自己抛在一边，成为艺术营中的自己。

在Caz上，我就是低音歌手AJ，拖着电吉他和我挚爱的Tobias killer B低音吉他，在丛林中艰难独行。我也极为高兴能够在福音音乐、乡村爵士乐和嘻哈乐课堂中握住吉他的底端。

沉浸于另类的、简化版的现实

前往Caz的经历让我想起了游戏中最让我痴迷的地方，那就是沉浸于一个另类的、简化版的现实，在这里你能逃离日常生活。在玩很多游戏时，我都有这种感觉，在玩大型多人在线游戏（MMO）时，这种感觉尤其强烈。和所有能长期存在的夏令营一样，大型多人在线游戏总是能够随着时间的推移，保持用户的黏性。

- 在发现阶段，你听说了一款产品能给别人带来超棒的体验，消息的来源经常是朋友，而你就像也置身于这种体验中一样。
- 你开始使用产品，在启程阶段找到乐趣，熟悉情况，参与产品为新用户特别设计而构建的活动。
- 你一直使用产品，并且成为一种习惯，因为你在产品里建立联系，参与合作，完成目标，并且随着技能的提升，你会去寻找更大的挑战和更多的学习机会。

- 如果你更加深入，并精通了整个系统，新的角色就会向你敞开，允许你拥有更高的地位、回报和对社区的影响力。

获得领导地位和影响力的新机会

角色转变是让人欲罢不能的，而精通路径能够使玩家获得新机会，拥有领导地位和影响力。我之所以喜爱Caz，关键的一点是能够看到孩子成长为青年，看到夏令营成员成长为工作人员。比如，我的朋友萨拉·迈尔斯从一个夏令营成员起步，如今在夏令营为大家教授一门镶嵌图案课程。

和所有运转良好的夏令营一样，许多因素都在幕后默默地发挥作用，支撑起营员的体验。在Caz，许多营员都有艺术天赋，就好像萨拉从营员变成了夏令营教师、工作人员和志愿者。2017年，在加入夏令营6年后，我也迎来了自己的“升级时刻”：我的爵士乐教师拉里邀请我出席他的早间嘻哈乐课程，为他打一次稳定而强有力的节拍。我在做这件事时诚惶诚恐，因为这意味着他正在把我带到幕后，把我视为一个可以和他一同工作的乐师。

精通是一种内在驱动的行为

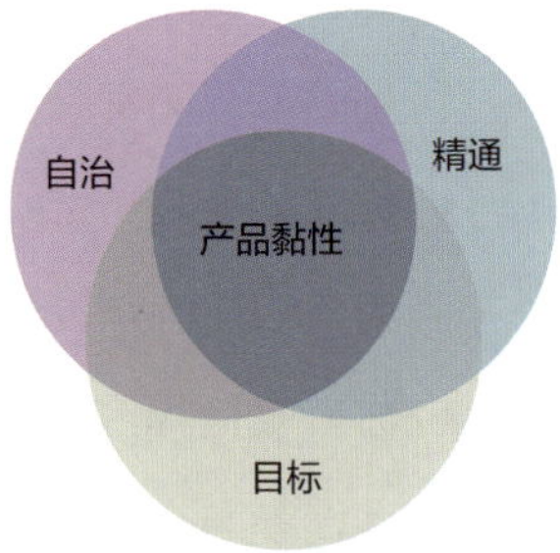

从自我决定理论和自己的经历中，我们知道获取能力和达到精通是一种深度而内在的奖赏。同时我们也知道，精通并不是轻易就能达到的状态，要付出努力，也要自我蜕变。这也使它更有意义，更能给人以满足感。

我们都有一种欲望，就是能够在某些方面更加擅长，而游戏就能够开发这种欲望。它给了我一种另类的、简化版的现实——一个微型世界，我们可以沉浸其中，探索边界，掌握规则，感知自己的技能在进阶。

一款好的游戏能够让我们感觉自己很聪明、很有能力，即便我们在现实世界中正在堕落也是如此。与现实世界中的起起伏伏相比，在好的游戏里，你集中精力地付出努力总是能够获得可靠的回报。

精通比进阶更好

许多游戏领域以外的产品设计者也知道这一点，于是，他们急切地使用了分数、徽章、积分榜和评分系统，对于用户的进阶予以追踪和反馈。但他们很快就明白了一个所有游戏设计师都明白的道理：数字本身并没有什么意义。

要打造一套让人欲罢不能的精通系统，你需要背景、挑战和角色转换。想一想《魔兽世界》。这款游戏进阶系统的驱动力并不在于分数、等级或里程碑，那些就好像房屋的框架，只是搭建脚手架的材料。《魔兽世界》之所以引人入胜，是因为你在给自己讲故事，以及你在游戏中培养出来的技能和关系，还因为你通过新角色获取的新技能、新场景和新挑战。对于那些已经赢得新的力量与场景的人来说，没有什么比获得一个有挑战性的新角色更能驱动他前进的了。

在游戏领域之外，Slack是一个很好的例子。Slack没有游戏机制里面那么多试图用来黏住用户的虚拟工具，但它设计的精通路径有效得让人难以置信。它打造精通路径的核心在于定制化，以及通过API接口（应用程序编程接口）进行融合的创意。要把Slack用得更好，你就要按照自己的风格使它越来越个性化，而且要和游戏设计一样，接受越来越大的挑战。通过定制化Slack，开设并发布自己的频道，编制一个机器人程序，将你的产品集成进Slack的API接口，这样你就踏上了Slack的精通之路。

给你最好的用户一款“元老游戏”

不是每个人都要体验这条路径，但对于那些想要在游戏里浸入更深的人来说，他们学到的越多，影响力也就越大。这种情况我们称为“元老游戏”。

设想有一个运转良好的理想化的夏令营，其实是一个秘密的角色扮演类游戏，能为用户的学习和精通过程赋能，而你就是这个夏令营的主管。你如何用游戏语言来描述夏令营内基本的角色、规则和目标？

- **营员**能够参加精心挑选出来的活动，并且培养出自己的技能，发展出自己的角色。

- **工作人员**（游戏大师、指导老师、教师）帮助营员培养他们的技能，激发他们的热情，解决他们的困扰，并且让营员玩得开心。
- **规则**（玩得高兴、有礼貌、不打扰别人）是清晰可见的，并且易于理解。违反规则的人不会再入选夏令营。
- **营员的目标**是玩得开心，并且培养出自己的技能，发展出自己的角色。
- **工作人员的目标**是建立一种体验，让营员下次还能回到夏令营中。

一些营员来过一两次，就能判断出这个夏令营不适合他们。其他人——让我们称之为固定用户——则爱上了这种体验，并且年复一年地来体验。他们投入、专注，有时候有点疯狂。他们发挥出自己的天分，精通一项活动，并且最大限度地抓住学习的机会。用游戏术语来说，他们达到了水平的上限。

这也是“元老游戏”的切入点。它提供了一种新颖的挑战或活动，而这种挑战或活动是要争取的，并且较低等级的玩家是获取不到的。在我们理想化的夏令营中，“元老游戏”是被用来帮助运营夏令营的，营员要么成为一个工作人员，要么成为一个志愿者。热心的营员获得机会升级，并且在他们所挚爱的夏令营中成为指导老师或者教师。

创建一个角色，能够帮助你获取技能和知识

炫耀自己辛苦获得的技能和知识，这是专家压倒一切的需求。依托游戏，你或许可以创造出一个或多个“元老游戏”的角色：

- **冠军：**开发出自己的才能与长处，并且成为明星和本地的名人。
- **教师：**创建、运营项目和课程，帮助学生学习。
- **迎宾人员：**让新来者感觉到自己在这里是受欢迎的，并且回答他们的问题。
- **导师：**挑选有前途的新来者，与之分享知识和资源。
- **游戏大师：**让夏令营保持运转，定纷止争。
- **管理者：**凸显营员的优秀，判决纷争，创建游玩项目列表，安排表演。

要为你的社区挑选正确的“元老游戏”角色，你得问一问自己：

- 专家积累的是什么技能、知识和关系？
- 专家需要的是怎样的角色？他们迫切要做的是什么？
- 社区工作人员目前所做的事情当中，哪些专家也能够做？

随着时间的推移，如何让你的专家黏住产品并且为此感到很高兴，这些问题的答案会把你引入正轨。你如果目前还没有任何专家，那么也别担忧，目前还不是开发“元老游戏”的时机，你可以再等等。

创建一个永久循环，让产品一直黏住高阶玩家

一旦你识别出了“元老游戏”的角色，就要创建一个特殊的精通等级的学习闭环（下一章会描述），从而有可能无限制地黏住他们。确保能够驱动你循环（增加任何相关的内容）的核心活动，既能够引人入胜，又能够为这些高阶玩家一直运转下去。

出于必要性和智慧性，《天堂》（*Lineage*，一款早期的韩国大型多人在线游戏）开发了一个夺旗的“元老游戏”。高阶玩家在一起组队，获取进入一个全新活动的机会。在那里，他们可以掠夺一个邻近的村庄，获取魔法圣杯，并且对全体居民收税。

如果一个团队能够成功地做到这一点，他们自己的城堡就会变得易于受到攻击，这样就开启了温和的“我会逼迫你回去”竞争模式，从而催生出许多拥有大量观众的比赛和游戏锦标赛。

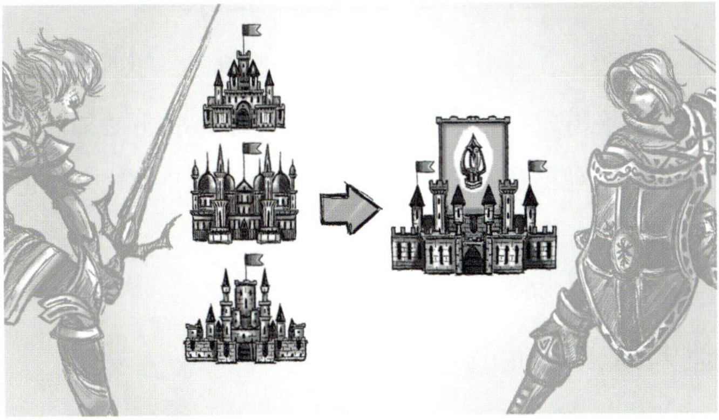

给专家赋能，让他们拥有真正的影响力

当《英雄联盟》（*League of Legends*）里充斥着负面的行为，并且需要升级玩家管理操作技术时，这个游戏创建了审理委员会，即让有信用的玩家获得权力来鉴别侮辱性报道，并且解决一部分简单的纠纷。这些玩家构成了内部用户支撑的第一道防线。他们可以交替扮演这种角色，这就创建了一个永远运转下去的循环，让长期的专家级玩家可以享受扮演法官和陪审团的快感。

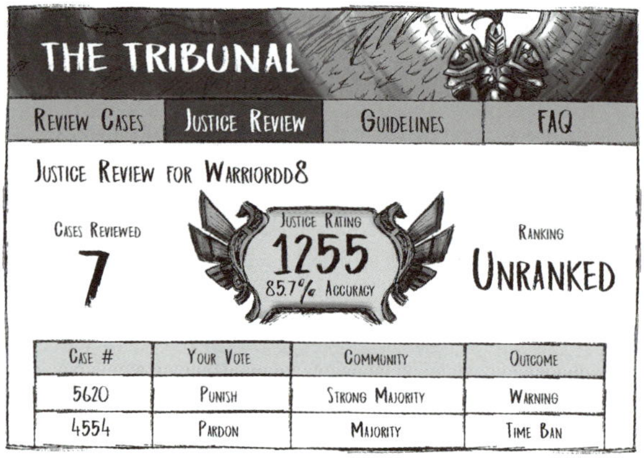

对于你的投入，最引人入胜的回报是影响力，而不是那些小的装饰品。如果你在开发一款基于社区的产品，就要搞清楚如何赋予热情的用户权力，让他们在系统中扮演有意义的角色，而这个角色能够将他们的情感状态由“超越”转变为“融入”。

一份让人欲罢不能的精通叙述

既然你理解了精通是如何运转的，那就是时候根据你的情况写一份精通叙述了。想象一下，你最有天赋、最投入的用户可能最需要哪种体验。一些人要的是社区里的影响力，另一些人则更关心报酬、地位、机会或者一个全新的角色。下面是一个参考模板：

精通叙述

当我努力试图精通这个系统时，
我希望获取的是权力、机会、特权和报酬，
于是我们就一直黏在产品上，接受挑战，并且获取影响力。

与超级粉丝共同创建精通系统

在这一阶段，你并不清楚精通系统究竟会变成什么样子。尽管如此，你还是要往前走，记录下关于你的系统里精通路径会是什么样子的设想。问一问自己：什么能够促使我最好的用户一直黏在产品上。不过不要在这方面花费太多时间，因为在产品创建早期，你得把注意力集中在实现你核心的学习闭环上（第 7 章即将提及）。

一旦你与超级粉丝建立起联系，你就可以把这些想法用来提炼你的设想，打造出精通系统，就像我们在给许多项目工作时所获取的成功一样（细节参见前面的介绍）。

比如，在《摇滚乐队》中，我们早期的超级粉丝就是热爱节奏动作的游戏玩家，他们愿意每周在午饭时间进入办公室，玩我们游戏原始的早期版本。依靠他们，我们测试和调整了精通系统，经历了许多迭代版本，而这些迭代版本是主流用户永远也看不到的。

/ 精通路径清单 /

现在轮到你了。回答这些问题，勾勒出你的端到端用户体验。

以用户的看法作为起点

从你的用户研究中，将最相关的工作叙述和习惯叙述列出。

为访客准备的发现叙述

写一份发现叙述，设想你的用户如何发现你的产品：

- 当我（第一次听说或发现产品）时，
- 我想（快速理解这款产品对我而言的核心价值），
- 这样我就能（立刻知道这款产品是否适合我，并且值得一试）。

为新用户准备的启程叙述

写下一份启程叙述，设想一下潜在用户在第一次使用你的产品时感觉如何，以及他们在寻找什么？

- 当我（加入这项服务、登录这款应用或尝试这个产品）时，
- 我想（感受到被欢迎，并且熟悉情况），
- 这样我就能（感觉到自信，并且迅速从产品体验中获取价值）。

____
____
____
____
____
____

为固定用户准备的习惯叙述

对于已经体验了21天或30天产品的用户，在他们熟悉了情况后，写一份有关他们的习惯叙述。这份习惯叙述能够将他们拖回到产品体验中。

- 当我（成为这里的常客，比如，4周中每天都来体验）时，
- 我想要（新鲜的内容、活动或挑战），
- 这样我就能（总是很快地获得成功的快感，而这种感觉是我正在寻找的）。

____
____
____
____
____
____

为专家准备的精通叙述

撰写一份精通系统工作叙述，内容是专家级玩家在几周内的产品体验。你能为他们提供怎样的体验、权力、报酬或角色？而这些都要他们在使用系统时获取相应的技能、关系和知识，才能作为筹码来换取。

- 当我（试图努力精通这个系统）时，
- 我想（赢得技能解锁、权力、机会、地位、角色），
- 这样我就能（持续黏住产品、拥有影响力，或者以我新发现的技能、知识和关系作为筹码交换东西）。

/ 精通路径的制约因素和突破捷径 /

在你打造用户的精通路径时，别让这些因素拖你的后腿。

制约因素 1：来自早期用户的反馈极少

来自你内部团队、投资人和朋友的用户反馈，会扭曲你的思路。这些人并不是你的早期市场，你需要来自陌生人的反馈。注意：你或许正在搭建一座纸牌屋，并且限制了你的成长。

突破捷径：花时间去寻找、了解你真正的早期用户，从他们身上获取信息

确保你在测试产品的价值主张时，用的是正确的人。如果你的招募渠道在这方面没有奏效，修复问题，然后再试一次。

制约因素 2：没有给技能打造提供支撑

如果你的产品肤浅且没什么价值，就很难去创建一个引人入胜的用户路径。没有角色、升级和技能打造，你无法给用户铺展开引人入胜的提升路径。而没有了这些，用户路径就会显得难以令人满意，用户也更容易流失。

突破捷径：你需要打造一个核心系统，驱动用户价值随着时间的推移不断提升

从一开始，你就要创立并且调试一款简单版的核心价值打造系统。即便系统处于原始状态，也能够帮助你检验、发展价值主张。

制约因素 3：随着时间的推移，体验没有保持一致

撰写工作叙述将帮助你从用户的视角，识别出产品一以贯之的体验。如果你的工作叙述是碎片化的，并且无法保持前后一致，那就说明你可能要倒退几步重新思考一下用户体验。

突破捷径：将你的工作叙述纳入一个前后一致且引人入胜的故事中

看一下你是否能够撰写一份前后一致并能成为一个整体的工作叙述。当你收集到用户的看法时，重新看一下工作叙述，提炼出你对工作叙述的理解，并且一直聚焦用户最看重的东西。

萨姆·赫利克关于升级用户技能的论述

萨姆·赫利克

用户启程方面的专家，运营着useronboard.com网站。在这家网站中，他解构了流行应用和服务里的最初用户体验。

丹尼尔·库克的谈话和文章让我明白了产品设计和游戏设计的共通之处。游戏帮助用户在虚拟世界里提升技能，而产品帮助用户在现实世界里提升技能。

如果你在设计产品时，采取的方式是升级用户技能，并且鼓励用户完成升级，那么就等于利用了人们与生俱来的自我驱动的能量，把它们带入产品体验中，并且很好地利用了这一点。否则，你所做的尝试就是引导用户一直朝着他们并不期待的方向前进。

第 7 章

设计你的学习闭环

在学习闭环中，你正在学习一项技能，并且升级你的心智模式。这才是能够让用户高兴的事情。

——丹 · 库克
“失落的花园”博客作者

我曾经看到一个卓越的企业家，被海妖“登船”的“歌声”引诱，那种沮丧的感觉让我记忆犹新。他没有听从我的建议，而是创建并且启动了一个美丽光鲜的启程体验，以吸引用户进入系统来“看看发生了什么”。但对用户来说，并没有什么不可抗拒的理由要常规性地回到产品上。

很自然，这款应用成了一个漏筒，几乎没有人在下载并且使用过后会黏着它不放。开发者在发现和启程阶段做得很好，但在体验阶段，没有对习惯打造进行足够的投入。

找到爆款游戏的“趣点”

那些突破性产品的制造者，与这位卓越的企业家相比有何不同？

制作《摇滚乐队》的团队在开始这个项目时，一遍又一遍地调整演奏一首单曲的核心体验，并且尝试了许多反馈系统，直到团队觉得真的是在扮演一支乐队了。

打造《模拟人生》的团队花了几个月的时间打造出粗糙的模拟原

型，测试不同版本的游戏核心玩法，其中许多玩法都走入了死胡同。

而《贪恋时尚》团队通过反复的迭代测试，才把这款合作游戏变成现实，而且最后的版本与我们当初设想的有很大不同。

修修补补、做原型和试玩

所有这些成功的创意都是从实验阶段开始：修修补补、做原型和试玩。伟大的游戏和产品并非完全预先就设计好的，而是要先做出原型，然后才会存在，再通过反复迭代和调试最终成为现实。

最优秀的产品负责人通过对其创意不懈地测试和调试，才能发现到底什么才是有效的。在游戏中，我们称之为找到“趣点”；在精益和敏捷产品流程中，我们称之为“用户发展”和“证实设想”。

所有这些术语都指向同一个基本活动：通过实验测试去调试你的产品创意和价值主张。这意味着你得在用户体验旅程中挑选一个特定的部分，开始做原型并进行测试。

什么是学习闭环？

我所认识的最成功的产品创新者在开始一项新产品时，总是先对产品的核心活动链进行打造、迭代和调试，这也就是我所谓的核心学习闭环。一旦核心学习闭环运转良好，他们就会增添更多的功能并且打磨这些功能。如果你想复制那些创新者的成功，就要从零开始打造用户黏性。

究竟什么才是学习闭环呢？

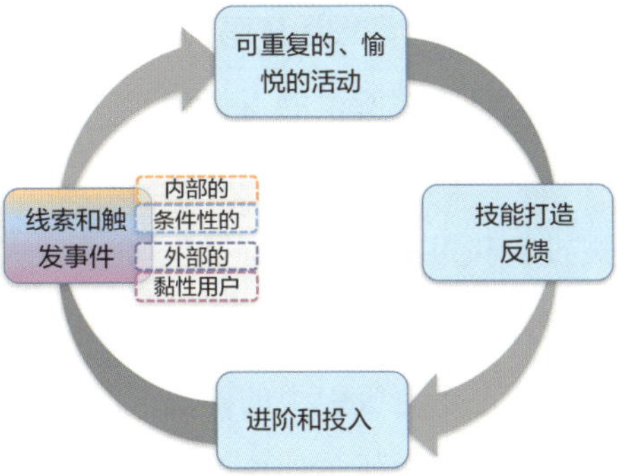

那是一个登录页面吗？

你或许在想："嘿，等等。为什么我要下力气去打造整个闭环？最好的最小可行性产品不就是一个假的登录页面吗？"

并非总是这样。假的登录页面只能测试你的营销信息，关于产品体验，它不会告诉你任何事情。用游戏化思维术语来说，在整个用户体验旅程中，你的登录页面测试的是发现阶段；当你把一个引人入胜的创意带入现实中，你要测试的是习惯打造，以及你所要进行的那些可重复的、愉悦的活动所深植的价值核心。

它是一个习惯闭环吗？

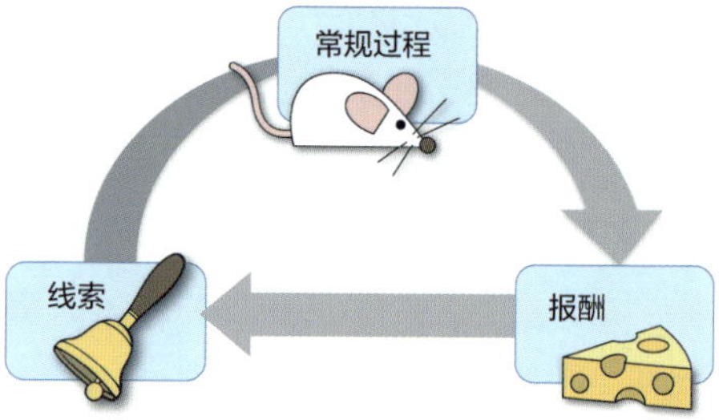

人们通常所说的习惯闭环，是一种围绕着线索、常规过程和报酬打造的可操作的条件反射闭环。看上去它似乎是一个有吸引力的解决方案，可操作的条件反射技术会给你短期内的提升，却不会让玩家感觉到喜悦，也不会产生深度学习行为，更不会产生真正的长期用户黏性。

为此，你得进行技能打造，这也是习惯闭环所缺乏的。

技能打造促使用户再次使用产品

可操作的条件反射闭环聚焦于塑造行为，学习闭环则聚焦于赋能，即帮助你的用户更加擅长他所在乎的某种事物。一个学习闭环包含以下几方面：

- 一个可重复的、愉悦的活动，能被内部事件所触发。
- 驱动学习和打造技能的反馈。
- 通过再次使用产品时的触发事件获得进阶和进一步的投入。

在《摇滚乐队》中，或者在演奏真正的乐器时，学习闭环的因素有：

- 可重复的、愉悦的音乐演奏活动，触发因素是用户对于演奏音乐的渴望，以及对于更擅长使用自己乐器的动力。

- 从听众、伙伴和教师那里获得的反馈，促使用户学习和提高。
- 在演奏乐器的实践和技术方面获得进阶，并更加投入，这些触发因素将促使你一直玩下去，并且玩得更好。

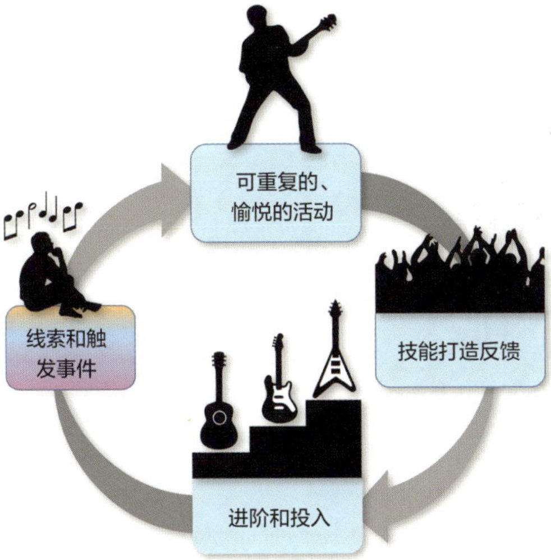

在类似《部落冲突》（*Clash of Clans*）这样的战略游戏中，整个闭环系统就更加复杂了。这款游戏有一个嵌套的闭环结构，其核心在于打造训练部队、收集资源和对敌作战。

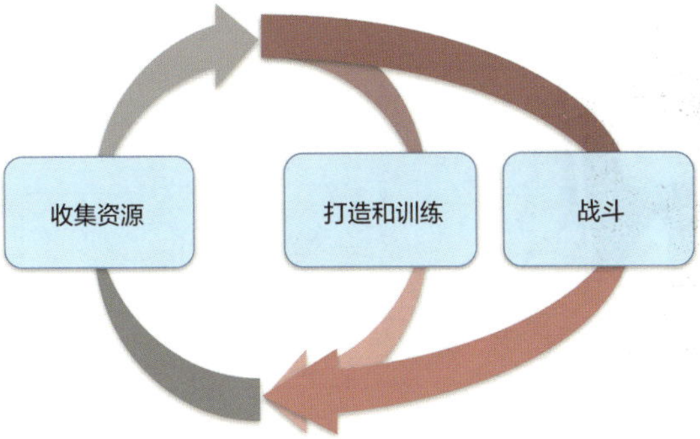

别让这张图片吓到你，现实并非总是如此复杂。一些卓有成效的游戏闭环只有几种活动，却能够在一起发挥作用，提供丰富和让人满意的体验。

比如，在《宝石迷阵》（*Bejeweled*）中，学习闭环是相当简单的：首先解开三局谜题（一种可重复的、愉悦的活动，有着很简单的回馈），其次实现升级（进阶），最后获得新的权力（投入）。

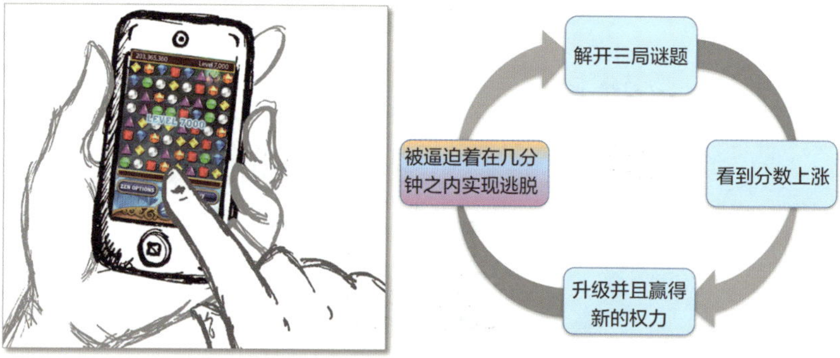

再举一个非游戏的例子，色拉布（SnapChat，一款阅后即焚照片分享应用）发展出了一个引人入胜的学习闭环。它能给出一个非常简单的反馈，也就是有多少人读了你的故事，并且这些人对于你的故事都读了百分之几。这种反馈，加上色拉布每天固定过滤给你的更新消

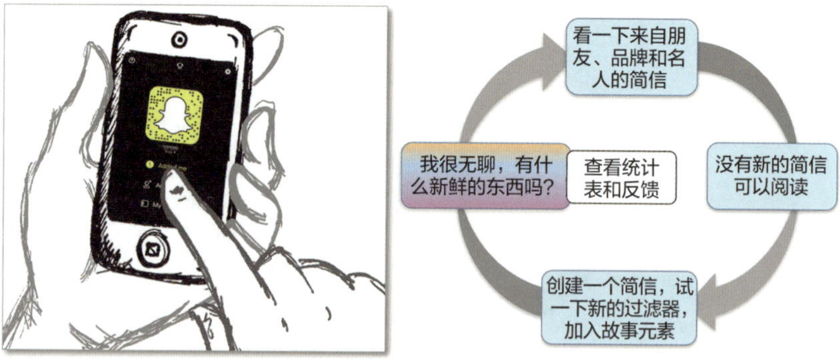

息，以及消失的信息，创造了一种让人无法抗拒的产品体验。

关键点：可重复的、愉悦的活动

活动是最基本的单位。没有事情黏着用户去做，从长期来看用户就不会总回到你的产品中。

一个简单有效的学习闭环，是从可重复的、愉悦的活动开始的，这种活动与内在的条件性触发因素相关。

在《摇滚乐队》里，核心活动是与朋友一起演奏一首歌，内在触发因素是当朋友来找你一起出去闲逛时，与朋友一起做些有趣事情的冲动。在《糖果粉碎传奇》(*Candy Crush*) 中，核心活动是解决三重谜

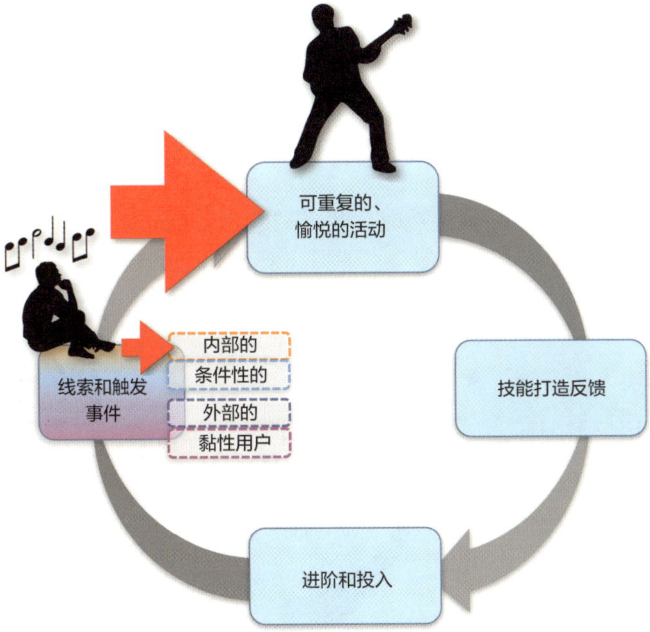

题，内在冲动是希望能够升到更高一级，从而使自己感到愉悦。从事这些活动的快乐被周围背景放大（当然背景并不能决定你是否快乐），这里的周围背景包括不可见的系统和可见的环境。

为了创建一个简易的最小可行性产品，在你产品体验的核心里，就要找到令人愉悦的、可重复的活动。在最早的产品原型里，或许没有进度标志或者社交反馈，但你会需要一些令人愉悦的、可重复的活动让用户去参与。这里有一些游戏领域以外的例子：

- YouTube：观看视频。
- Kickstarter：搜索你所关心的众筹活动。
- 推特：阅读、回复更新和消息。
- 多邻国：玩一个语言学习的小游戏。

反馈让学习更有趣

当你开始打造一款游戏时，找到“趣点”通常就包括给出一些形式的简单反馈。与进阶晋级相比，反馈更基本、更普遍。游戏使用反馈闭环，网站和手机应用也使用。

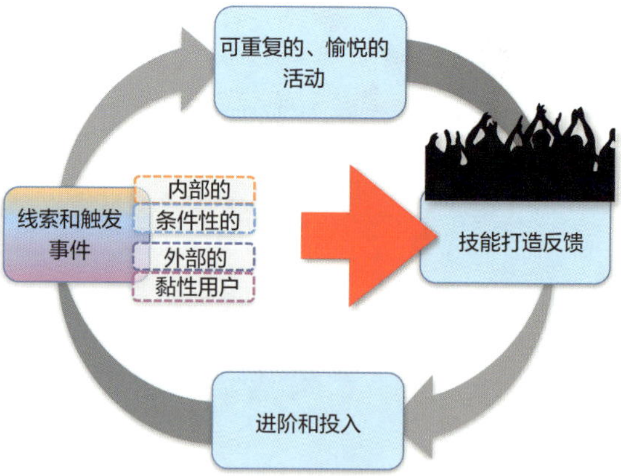

在合适的时间产生合适的反馈，

能引起我们之前讨论过的神奇的、行云流水般的状态。如果你玩过《舞蹈中心》（*Dance Central*）、《摇滚乐队》和《吉他英雄》（*Guitar Hero*），你就会体验到身临其境般打造技能的反馈。玩这些游戏就好像有一个很厉害的教练在你耳旁低语，帮助你总结错误，然后再度尝试。反馈就是这么厉害。

反馈本身就能够对行为产生巨大的影响。只要想一下实时的速度显示标志，它们在路面上正变得越来越普遍。最近的研究显示，与照相雷达相比，这些标志能更有效地让人们把车速降下来。

确保用户走在正确的道路上

当你在打造最小可行性产品时，要确保最小可行性产品能够给予用户反馈，告诉用户正走在正确的道路上。比如Slack，用一些明亮的、迷人的画面告诉你，你已经阅读完所有的信息，而这也是这个系统的核心活动。

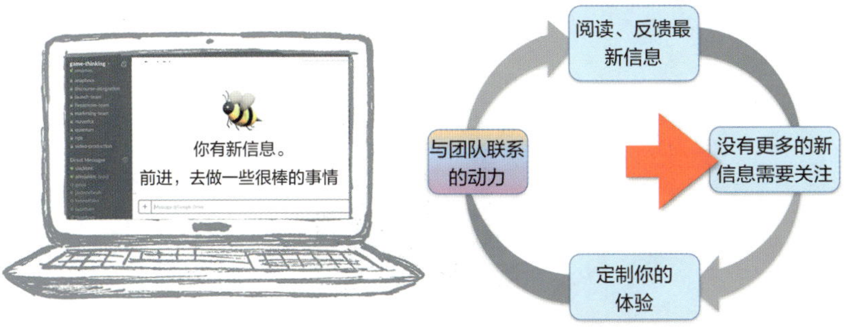

进阶和投入会把用户拉回来

运动、武功、计算机游戏以及正规的教育，都是围绕着进阶与学习打造的系统。一个强大的、设计良好的进阶系统能够提升用户的学习以及动力，让用户觉得在增进自己的技能时有更多乐趣，获得了更多回报。进阶系统的打造者能够驱动用户对产品的黏性，并且增强用户体验。

活动和反馈一起黏住你的用户，并且让他们知道自己正走在正确的道路上。而投入是指，当你收集、获取、定制、赢得或打造某些你不想失去的东西时会发生什么。触发事件是提醒用户回到你先前所投入的系统中。这些技术在一起，就会把用户拉回来，并且完成你的学习闭环。让我们深入地看一下，这些互相关联的概念是如何奏效的。

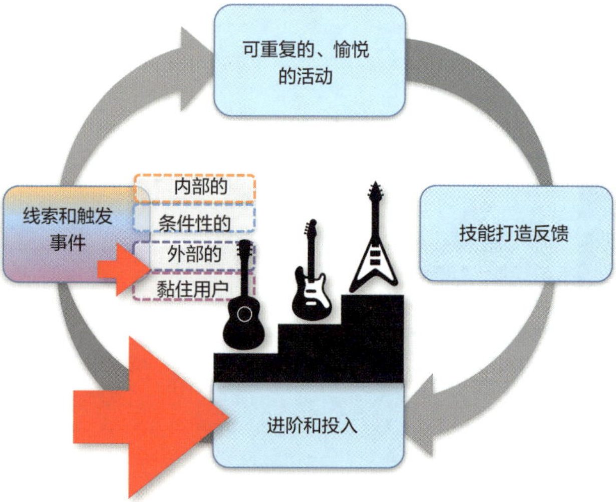

投入让用户更舍不得离开

在任何时候创建一个化身，提炼人物简介，核对统计数据，赚取分数，整合地址簿，发布一则更新或组织好友名单，都是在一个系统中更加深入地进行投入，并且使自己更加难以离开。有许多办法让你的用户感觉到自己在产品中进行了投入，这里举几个例子。

值得查看的统计数据：自我提升是一种强大的力量。希望看到自己变得更好、更强、更快、更聪明或更受欢迎，是一种内在激励。这也是为什么那么多的系统会调整它们的追踪程序，来显示用户可见的进阶。这能够让人们被吸引，并且确保他们不断地回归到产品中。一个简单的例子就是推特的跟帖数量，这个产品通过看帖者数量的增长来黏住你，让你难以离开。

告诉我一个故事：人们喜欢讲故事，也爱听故事。任何时候让你的用户告诉你关于他们经历的故事，甚至与其他用户分享那些故事，都是在驱动用户进行投入。故事可以以各种方式呈现，比如更新照片墙（Instagram，一款图片分享应用）、在某个论坛上发帖，或者在一个博客上发表评论。

提升自我形象：在任何时候定制你的身份或环境，都是在把自己的一部分投入系统。如果你购买了一双新跑鞋，就是提升了作为一个奔跑者的自我形象，并且将钱投入了这个习惯中。当你的用户选择颜色时，当你的用户选择一张背景图片时，当你创建一个化身时，用户就是在通过个人表达来增加对系统的投入。

帮助我与人们连接：一些人非常热衷于社交活动和连接。如果你是这类人，那么当你与其他人分享时，就会感觉到投入得更多。比如，运动应用Endomondo就提供了一个简单的建立社交网络和分享锻炼成果的办法。如果你的朋友一直在使用它，你也很难离开它。

用来消费的虚拟货币：一旦用户黏上了你的系统，给他们一些可用来消费的虚拟货币将是驱动投入的一个好办法。这种战略单独存在可能难以发挥作用，但如果能够和其他技能打造系统一起发挥作用，将非常有效。比如，多邻国在用户完成活动后，就会奖赏给用户邻国币（lingot），用户可以用它来定制自己的形象。

触发事件

触发事件是指内部或外部发生的、提醒你去做某件事的事情。触发事件会以 4 种独特的形式出现，并且经常混合在一起驱动用户行为。

以用户为中心的触发事件已经存在于用户体验中了，你通过发现研究就能知道。

- 内部触发事件是用户所有的情感、冲动或者渴求，比如饥饿、孤独、激动、期待、好奇、无聊等。
- 条件性触发事件是转变、惯例以及其他日常发生的事件，比如睡觉醒来，乘坐公共交通工具上下班，和家人一起吃饭。

以产品为核心的触发事件被设计进入你的产品体验里。最有效的触发事件都利用了用户现有的情感和习惯。

- 外部触发事件是一些情感性的、提醒你去做某件事的线索，比如通知、电子邮件、门边的鞋子，或者笔记本电脑上的便利贴。
- 一旦某人与你的产品体验产生了连接，黏性触发事件也就开始了。一个受到外部反馈支撑的内部冲动，就是一个黏性触发事件。在一个游戏里，核对你的统计数据，或者在Slack里核对你的未阅读信息，这就是两个典型的黏性触发事件，一旦你与系统产生连接，触发事件便会启动。

想象一下，你的目标是让用户更加经常地进行练习，那么什么样的触发事件可以帮助你达到这个目标？

- 结束了压力巨大的一天，你或许会有运动的冲动。将你的运动时间安排得与上述渴望正好重叠，能够达到这一目标的就是一个内部触发事件。
- 如果你下班回家的途中在健身馆停留，那么你进行运动的前提就是一个反复发生的条件性触发事件——驾车回家。
- 如果你把运动服留在了车前座椅上，以提醒自己在健身馆停留运动，那么你就是在运用外部触发条件来鼓励自己运动。
- 如果你加入了一个为期30天的打卡群，并且每天核对统计数据，与群内其他成员对比自己做得如何，这就是一个黏性触发事件。

有效设计你的核心学习闭环

既然你已经知道了这些基础知识，现在就来设计自己的学习闭环吧。

撬动你的工作叙述

从你的用户研究中得出相关叙述，并将之作为起点。你的用户研究要把待满足需求和现有习惯结合起来。比如，Pley就把一个看视频的叙述转变成了简单的学习闭环：在YouTube上建了一个频道，作为一个高价值的最小可行性产品。

让我们来看一下这个闭环中的一些元素吧。

- 内部触发事件：父母需要自由时间，需要一个“好心肠的保姆”。
- 可重复的、愉悦的活动：观看一段与乐高相关的指导视频。
- 反馈：用户可以通过评论反馈他们的喜好和评分，Pley也举办相关竞赛促使用户提交视频。
- 进阶、投入和黏性触发事件：新的视频发布后，社交媒体会更新，用户也会分享他们最喜欢的视频。

寻找情感性和条件性触发事件

筛选你的工作叙述时，要寻找情感性和条件性触发事件，正是这些触发事件让主要用户使用你的产品。理解这些触发事件有助于辨别出用户现有的习惯，比如以下触发事件，就是我们在对Pley进行研究时发现的：

- 我希望有一段属于自己的无拘无束的时间（最迫切的需求）。
- 我希望发展孩子的创造力（长期需求）。
- 晚饭吃完了，我需要洗盘子（最迫切的需求）。
- 我希望孩子能够用这套乐高搭建出更多的东西（长期需求）。

那些疲惫的父母并不想要一个没心没肺的“电视保姆”，他们希望自己的孩子能够得到智力开发。于是Pley打造了一个闭环来黏住孩子，让他们能够回到乐高的世界里再打造一些有创造力的东西。为了辨别你的产品的现有触发事件，你要问一问自己：

- 在哪一种情况下，我的用户最有可能通过我的产品寻求帮助？
- 在那些事情发生的前后分别发生了什么？背景又是怎样的？
- 在使用我的产品之前和之后，用户的感受分别是什么？
- 我的产品能缓解用户什么痛点？又是怎样的情感在驱动用户使用产品？

回答这些问题将帮助你设计一款与用户的背景、内在状态和现有习惯密切联系的产品。这也是一个绝佳的起点，驱动用户使用产品，使用户获得满足并且最终被产品长期黏住。

围绕黏性活动，打造你的原型

黏性的、可重复的活动是核心学习闭环的最基本单位。当你着手打造最小可行性产品时，先围绕你的关键活动创造一个简单的闭环。如果你能创建一个可重复的、令人愉悦的活动，并且让你的用户更加擅长参与这个活动，那你就已经为习惯打造和长期黏住用户奠定了基础。让这种核心活动得到检验，并且发挥作用，就是我们在游戏设计中所谓的找到“趣点”。围绕这种活动来打造你的最小可行性产品，是从零开始打造黏性的最佳途径。

有时候，这种活动或许不是你一开始就想打造的。比如，我们曾经设想Pley的用户想要参加一个在线谈话社区。但我们的发现面谈揭示，我们的超级粉丝希望有利于家庭生活的乐高视频能够黏住他们的孩子，而这是他们在其他地方找不到的东西。

当我回到家里，并且需要几分钟时间放松一下时，
我想让痴迷乐高的孩子自己看电视，而无须我的监督，
这样我就能无拘无束地休息一下，而不必担忧孩子会看到不适合他看的节目。

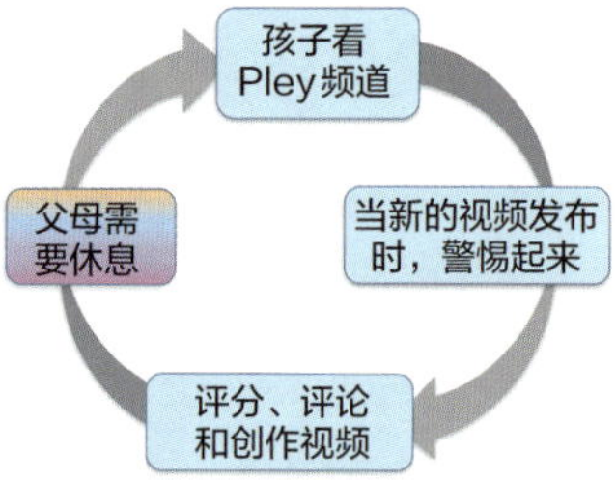

为了快速检测创意，我们在YouTube上创建了一个频道，频道中都是给孩子们看的乐高教育类视频，有些还是孩子们自己拍摄的。这个活动闭环让我们能够在投资打造我们的基础设施前，先测试出向用户推送特定视频内容这种做法的价值。

通过简单、引人入胜的反馈，驱动技能打造

当你把设想的产品变成现实时，要问一问自己：怎样的反馈才能够帮助用户更好地进行他们的核心活动？当我们想到游戏时，经常会聚焦于那些可见的进阶系统，比如分数、徽章、等级和玩家积分榜。

然而反馈要比进阶系统更加重要。反馈让你知道自己在正确的道路上，并且把你黏在正在做的事情上。

想一想《我的世界》。从一开始，《我的世界》就有直观的视觉反馈，通过一块一块的积木，让你知道建造、破坏和开采的进度，类似于粗糙版的乐高套装。你能够创造简单的结构，并且把某人叫到你的

屏幕前，向他炫耀一番。不显示进度条，不显示你的积分，也不显示你还有几条命，只是反馈。

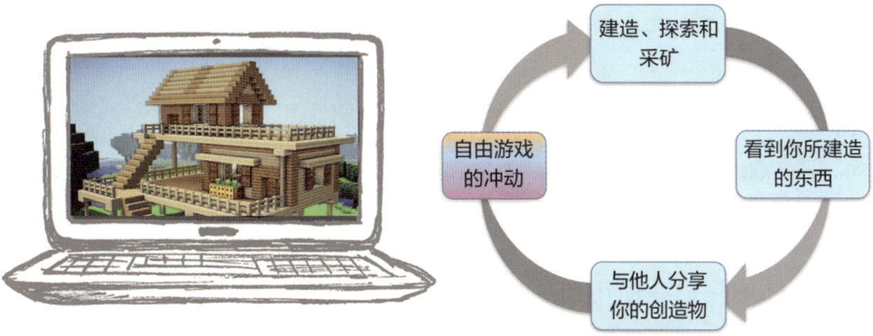

在这个开发阶段，《我的世界》与其说是一款游戏，不如说是一段仿真演示，即让人欲罢不能的实时视觉反馈一直呈现给用户。游戏开发者一直没有采用结构化的进阶系统，而进阶系统是许多爆款游戏所仰仗的利器之一，但《我的世界》依然成为风靡全球的爆款游戏。

巧妙利用数字的力量

我们都喜欢看着数字往上涨，是不是？类似推特、脸书和领英这样的社交网站，就使用收集机制来为你提供社交方面的反馈。喜欢、评论、分享、评分和订阅，这些数字的意义也正在于此。看着你的统计数字上涨，创造出一种反馈闭环，这种反馈闭环围绕个人进阶打造，而把你的统计数字和别人的相比较，可

以引发与朋友之间的良性（以及不那么“良性”的）竞争。

现在还缺少一种机制，即这种机制可以把统计数据与有意义的“解锁”和进阶技能培养联系起来。你要如何回答下面这些问题：

- 在用户使用你的产品几个月后，他们会更擅长什么？
- 你将如何用一种引人入胜的、有意义的方式来展示个人进阶和社交上的进步？
- 你的用户在使用产品后的第 1 天、第 7 天或第 30 天，体验各有什么不同？
- 当用户了解了产品的基本用法后，他们能够解锁怎样的功能、内容或入口？

现在你不必给出这些问题的详细答案，关键在于要开始思考，随着时间的推移，你要打造的核心系统的用户体验该如何演化。

/ 学习闭环清单 /

现在轮到你了。回答这些问题来设计你的核心学习闭环。

从习惯叙述开始

通过用户研究，列出你所获取的最有希望的习惯叙述，可以参考这样的格式：

如果要我（常常来到这里），我希望（新鲜的XXX），这样我能（迅速得到满足感）。

____

____

____

____

识别内部触发事件和条件性触发事件

仔细看一下你的习惯叙述，识别触发习惯性行为的情感和背景。是什么驱使用户寻求你所提供的产品？怎样的条件会提醒用户再回到你的产品中？写下你所知道的（或有待证实的）内部触发事件和条件性触发事件。

____

____

____

____

设计简短的、令人愉悦的、可重复的活动

用最简单版本，写下令人愉悦的、可重复的核心活动或一连串活动。这些活动都是用户在一个典型的产品周期里所要体验的。

用设计反馈触发技能培养

写下最简单的单一的反馈，要帮助用户知道自己正走在正确的道路上。

促进用户投入和进阶

写下统计数据、故事、定制、采集以及其他可能促使用户更深度黏上产品、返回产品的机制。哪些进阶和投入系统是用户已经熟悉的？

用外部触发事件和黏性触发事件把用户拉回来

写下为外部触发事件准备的创意，如电子邮件、通知等，你或许会用这些手段把用户拉回来。这些触发事件是怎样与用户现有习惯匹配起来的？

同时写下为黏性触发事件所准备的创意，如统计数据、仪表板、未读更新等，你或许会以此来鼓励你的固定用户回到产品中。对于你的特定用户和条件，为什么这些创意会成为有效的触发事件？

____

____

____

____

/ 学习闭环的制约因素和突破捷径 /

在设计你的核心学习闭环之际，注意这些常见的制约因素。

制约因素 1：没有吸引力或无聊的活动

能够让人愉悦是很重要的。想要围绕没有吸引力或者无聊的活动打造学习闭环，是很困难的。如果系统核心部分的基础行为就是没有吸引力或者无聊的，那就很难维系用户的兴趣，你下多少功夫都是没用的。

突破捷径：确保你的核心活动是黏性和高价值的

如果你碰到这种问题，还不如在这之前花些时间打磨你的核心活动，并确保它们是令人愉悦并且可重复的。那将成为你打造整个产品的基础。

制约因素 2：依赖外部触发因素

如果核心学习闭环设计过多地依赖于外部奖励和触发因素，你可能会促进短期的用户黏性，但纸牌屋将有可能会倒塌。

突破捷径：开发黏性活动和强烈的价值主张

你的设计之所以引人入胜是因为核心活动，而不是进阶机制、报酬或通知。如果开发出黏性活动和强烈的价值主张，你肯定被驱动着去做出可持续的产品黏性。

制约因素 3：忘记关闭闭环

我曾经与许多创业公司和游戏工作室一起工作，它们都能创造出引人入胜的活动，但在驱动用户黏性时都发生了困难。外部触发因素会有帮助，但只是短期的。如果你无法找到一个方式驱动更深层次的、针对你系统的投入，那么长期的用户黏性也无从谈起。

突破捷径：创建提示，让用户知道自己正在持续投入

想一想你的用户在培养怎样的技能、知识或者关系，然后据此设计出一些提醒事件，促使用户更深层次地投入你的系统。

迈克·塞勒斯关于系统性思维的论述

迈克·塞勒斯

一个游戏设计师，他帮助创作了《子午线 59》（*Meridian 59*），这是第一款绘制版的大型多人在线游戏。他现在在印第安纳大学教授游戏设计课程。

20 世纪，人们最重要的技能是识文断字；21 世纪，人们最重要的技能是系统性思维。在 20 世纪早期，文盲可以勉强混得过去，但最终，系统性思维还是成了我们社会中必要的生存技能。

大多数人并不理解什么是系统性思维，但事实上没有它，你在 21 世纪就无法有效工作。游戏给了我们一个强有力的方法，让我们能够认识到那些典型的系统，并且学会它们是如何运作的。这里所谓的系统包罗万象，从气候变化到全球经济，都属于“系统”。

拉夫·科斯特关于核心闭环的论述

拉夫·科斯特

一名游戏设计师，他帮助设计了许多优秀的大型多人在线游戏，比如《网络创世纪》(*Ultima Online* 第一款受欢迎的绘制类大型多人在线游戏)和《星球大战：银河系》。他所撰写的《游戏设计快乐之道》一书将游戏和学习联系在了一起。

当设计一款原创游戏时，我是从给核心机制做原型开始的。当用户在玩游戏时，核心闭环是否有足够的深度让他们一直发现新东西？游戏是否向玩家提供了相应的信息，让他们能够做出决定、精通系统？

这个核心的学习闭环就是我试图在原型中完成的。然而，我经常会犯错。我只是唯一一个玩家而已。

因此我通过其他人对整个游戏进行了测试。在他们玩了游戏后，我问他们："是什么东西让你觉得激动？又是什么东西让你沮丧？还有什么东西你想做却不能做？"

我试图找到他们与这款游戏之间的情感纽带。

第 8 章

社交！社交！社交！

在一个多玩家的游戏里，玩游戏的人比所有的动画、模型和游戏逻辑都更有价值。

——盖布 · 纽厄尔，
维尔福软件公司（Valve）首席执行官

当你在打造最小可行性产品以实现创意时，你得把宏大的设想放在一边，先聚焦于几个核心的活动。如此清晰地聚焦于某几个点是困难的。许多企业家把自己的最小可行性产品打造得过于庞大，因为他们不知道如何给自己的设计做减法，而且他们也没有相应的信心、工具和指导去做如此困难的抉择，去限制他们最小可行性产品的活动数量。

就像你所知道的那样，可重复的、令人愉悦的活动可以说是你的学习闭环跳动着的心脏。现在你即将学习一种技术，它可以用来辨别哪些社交活动最能够支撑起你的学习闭环和学习地图，从而满足用户需求和渴望。这一整套的活动将定义产品通过何种模式产生社交黏性，并且让你可以画出一个高信息含量的简易版最小可行性产品画布。

找到合适的社交模型衡量指标

有什么事物在让你快乐的同时也让你有负罪感？我就有。我会参与一些流行文化的个性测试问答，每次有新的爆款电影、游戏和电视节目时，就会有这种问题。我知道这种问题过于简单并且很傻，但还是忍不住去回答，并且还能发现我和谁相像，我的性格与更大的人类性格分类是如何匹配的。

人类总是喜欢创建一个系统，以简化的模式解释这个世界。古希腊的医生治疗病人的理论基础是4种气质类型：多血质（社交活跃，寻求快乐）、胆汁质（野心勃勃，领导人属性）、抑郁质（善于分析，文艺气息）和黏液质（放松，善于思考）。而古印度传统医学实践中，平衡三大能量（Doshas）——风力（Vata）、火力（Pitta）及土力（Kapha）——的理论也是基于相似的人类生理或心理的大类别。

四大气质类型

胆汁质　多血质　黏液质　抑郁质

社交游戏中的玩家种类

我们的医学实践虽然不断演化，但这些基本的人类性格特征种类依然有重大意义。在商业世界里，我们有梅里尔的社交模型和DISC(一种人类行为语言）领导力模型，这些模型系统的目标都是帮助各种不同的团队在一起工作。在文学领域，我们有霍格沃兹分院帽（源自《哈利·波特与魔法石》的描述），这是一个神谕，即将魔法学校的新生按照性格分配到各自合适的学院里。在通俗文化领域，我们有鲁宾性格指数，这是在面对规则和期望时，用来分析不同的人都会有怎样的反应。

在社交游戏里，我们有巴特尔玩家类型，即成功者、探索者、社交者和杀手。理查德·巴特尔是一个早期多人即时虚拟游戏（MUD）开发者。他注意到，在多种游戏环境里都会出现特定的社交模式，他把这些社交模式称为玩家模式，并且设计了一个分析框架，供人们去思考在线社交行为。

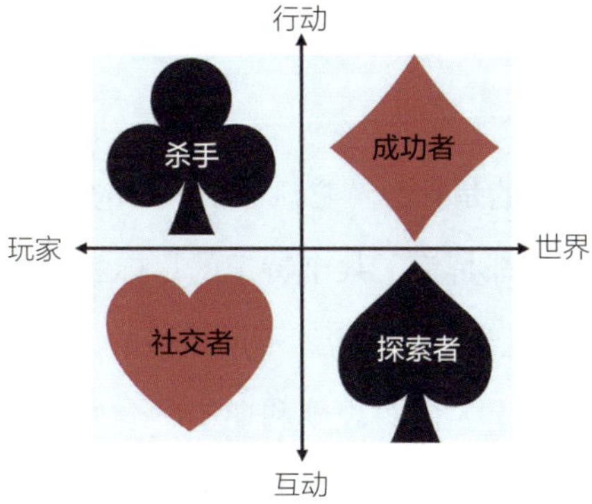

巴特尔玩家类型

个性系统在一张简单的表格里，包含了“萝卜白菜，各有所爱”的智慧，也为我们提供了讨论人类行为的通用语言。

玩家类型带来的问题

和许多游戏设计师一样，我在设计大型多人在线游戏和在线竞争游戏时，已经使用过巴特尔玩家类型。这个系统会提醒游戏从业者：不同的人享受乐趣的种类也是不同的，这一点非常棒。

不过，当我试图把巴特尔系统运用到休闲游戏、社交游戏和教育类游戏里时，发现匹配度并不是很高。比如，当我们在为一个高流量女性门户网站打造一款游戏时，我们发现“杀手”这种类型的人，在这个网站的基本玩家里是不存在的。很明显，十几岁的男性黑客不会去上一个为妈妈们服务的网站。

如果一个模型是为了某个特定目标和背景而开发的，当你把它移植到其他地方时，事情就变得微妙了。把某个社交系统从一个情景移植到另一个情景，你能走多远？如何判别这个模型是提供了有价值的意见还是让你误入歧途？你如何知道为自己的项目选择了正确的分类模型？

不管你要思考哪一种模型，都要先回答几个澄清性的问题：

- **这个模型的目的是什么？它抓住了人性的哪些方面？**

所有的分类系统都是为了某个特定的目标和背景设计的。梅里尔的社交模型和DISC领导力模型帮助不同风格的人成功地协同工作。鲁宾性格指数描述了每个人面对规则和期望时会如何反应。巴特尔玩家类型则描述了多玩家战斗游戏中的社交模型。当你在考虑分类系统时，要寻找这个系统最初的目标和背景，这会帮助你判断这个系统到底是否符合需求。

- **这个模型如何匹配你系统里的活动和功能？**

看一眼你系统里的结构和活动。如果人们是组成团队一起工作，那么DISC领导力模型或者梅里尔社交模型可能是有用的分析工具。如果你的产品体验基本上是单打独斗的，那么社交模式不会奏效，但鲁宾性格指数或许有用。比如，你在打造一个习惯养成类的产品，需要面对的问题是，人们如何对规则做出各自的反应。我发现巴特尔玩家类型能够很好地匹配大型多人互动类游戏、多人在线战术竞技游戏

（MOBA）以及竞技场射击游戏这样的社交游戏。但对于休闲游戏、教育游戏和健康游戏，巴特尔玩家类型可能就没那么适用了。

- **这个模型能够解释你已经观察到的用户出现的行为吗？**

对于一个分类系统，最重要的测试标准是看它是否能够解释你已经观察到的模式。如果你已经发现了一个能够良好匹配的系统，那继续干吧，把它作为起点，调整它，修改它，让它更好地匹配你独特的条件，不要害怕。比如，如果在运用巴特尔玩家类型时遇到问题，我会调整这个模型，以便更好地解释我所看到的普遍行为和动机。而那个更新过的模型被称作"金氏社交行为矩阵"，在轻型社交产品和游戏中也更加有用，而轻型社交产品和游戏正是我所专注的领域。

社交行为矩阵：竞争、合作、探索和表达

受到巴特尔的启发，我用设计社交游戏的经验，识别出了在线环

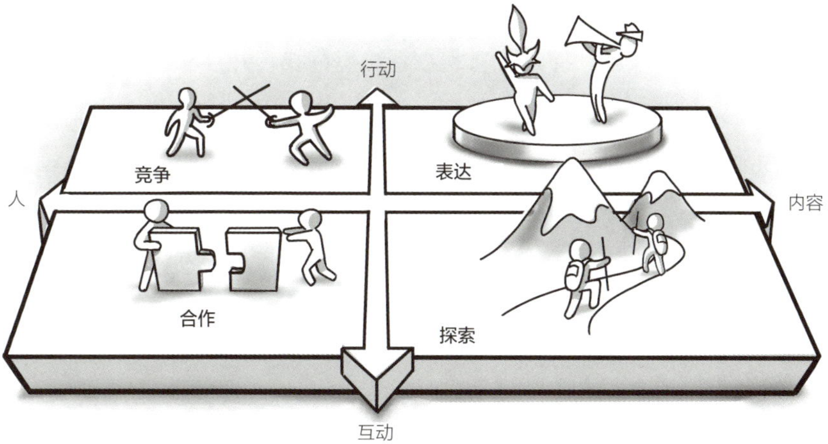

境里出现的 4 种行为，或者说 4 个动词：竞争、合作、探索和表达。

竞争

这是一种强烈的欲望：检验自己的已有技能，与别人相比自己处于什么状态。竞争者发现排名系统和零和机制非常有吸引力，因为这些结构能够反映他们的内心独白和第一人称视角。他们喜欢展现自己的英勇，并且知道他们在一个团队中所处的地位。他们寻求精通、学习和通过良性竞争培养关系。

合作

这是一种与其他人一起工作达到共同目标的欲望。合作者享受一起赢的感觉，他们喜欢建立关系，参与组织和团队，善于玩合作型游戏。他们珍视团队精神，喜爱分享经验和建立关系。

探索

这是一种获取知识、探索边界、找到漏洞的欲望，并且知道规则可以掌控一个领域。探索者喜欢在系统里翻找，并且探索系统里所有东西的来龙去脉。他们喜欢积累知识，炫耀知识。探索者珍视准确的信息、聪明的设计和通过知识交换来培养关系。他们或许会享受与其他人一起探索的感觉，但很多时候，探索对他们而言是一种让人满意的、单打独斗的行为。

表达

这是一种自我表达的欲望，以及让自己的经历更加个性化、标记自己的符号、表达自己独特之处的渴望。表达者会充分利用可以获得的工具，来制造一些让别人欣赏和效仿的东西。他们珍视的是原创性的思维、创造力、勤奋以及个人风格。他们热衷于定制背景、字体和虚拟化身。他们寻求的是地位、被认可和通过创造性的技巧获得的影响力。

社交行为与玩家类型

为什么要改变？为什么不坚守玩家类型？我尝试过两种分类模型后发现，当团队打造了一个社交行为矩阵时，就有一些好事情发生：

- 一旦你不再需要把玩家归结为有限的几类，你就会发现机会，去创造一系列独特的行为，来描述玩家的独特动机。这个过程天然比原来的系统更有弹性，并且能够通过它获得具有执行层面意义的结果。
- 你的团队专注于人们所采取的行动，以及这些行动背后的动机。这种匹配使你可以更容易地进行以下操作：把用户的待满足需求移植到系统、特征和用户界面（UI）功能里。
- 一旦你的团队拥有了工具，能够对社交行为进行排序，并筛选出最优先项目，就能够更有效地区别出，在整个产品生命周期里，哪些问题要优先解决，哪些漏洞要优先修复，哪些新功能要优先上线。
- 一旦你看到并且识别出产品的核心社交行为，你的团队就会有更好的准备去识别和聚焦核心的社交和进阶系统。不是每一支团队都擅长系统性思维，因此对于任何能够帮助团队发展出这种关键技能的工具，我们都要尝试。

这种简单而实用的工具将帮助你在进行识别和设计时，瞄准用户普遍的动机模式。在产品战略制定、功能规划和用户体验调试时，我都使用过它，并且获得了很好的结果。我发现与玩家类型相比，社交行为可以更容易地与产品设计匹配起来，就像相对于人物形象，工作叙述更加容易匹配一样。

你的用户是谁？他们的社交连接模式是怎样的？

一旦你了解了核心用户群，就可以把社交行为矩阵当作一种分析工具。是什么驱动着你的用户？他们的生活中缺少了什么？怎样的品质强化了他们的个性，并且使他们产生了认同感？他们更倾向于竞争还是合作，热衷于自我表达还是探索？这里有一些普遍的行为，可以用来与4个象限对照。这些行为里，你的用户可以通过产品体验去采取哪些行为？匹配出来，你就能看到你的社交连接模式。

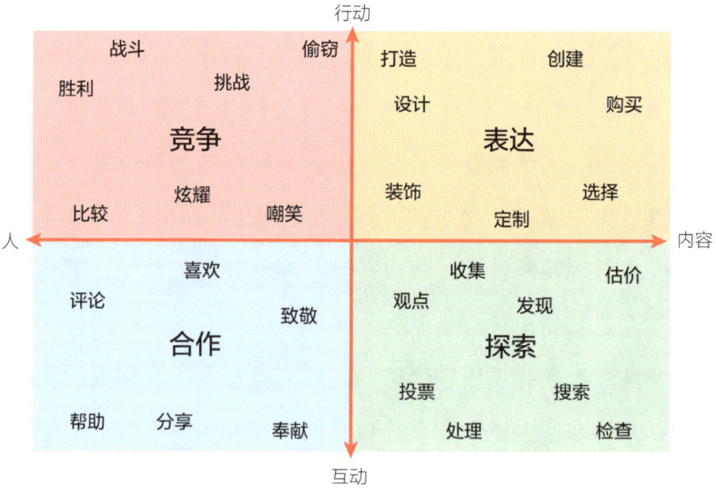

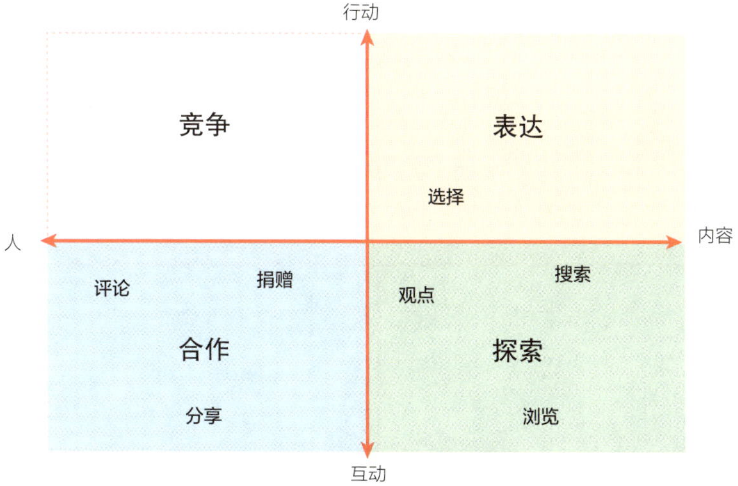

KICKSTARTER社交行为矩阵

让我们看一下Kickstarter的社交行为。这是一个非常流行的众筹服务平台，能够满足我们的雄心壮志去成为艺术赞助商，也能够帮助我们所信任的项目和人。

因为有品类不断丰富的项目，Kickstarter对于探索者而言就是一个金矿，多层的投入结构使得通过几下点击就能实现合作。你能够看到哪些朋友支持一个项目，但看不到他们为项目投入了多少钱，这就最大限度地缓和了竞争。

让我们再看一下Happify这款流行的精神健康应用。

注意，Happify的社交连接模式与Kickstarter类似，合作与探索的成分很重，还带一点自我表达。

用户在这两款应用上都不能面对面地竞争，而这正是竞争性游戏所擅长的。

把Kickstarter、Happify这两款应用与流行的手机游戏HQ Trivia（一款小知识互动游戏）对比一下。HQ Trivia社交行为矩阵中的动词都

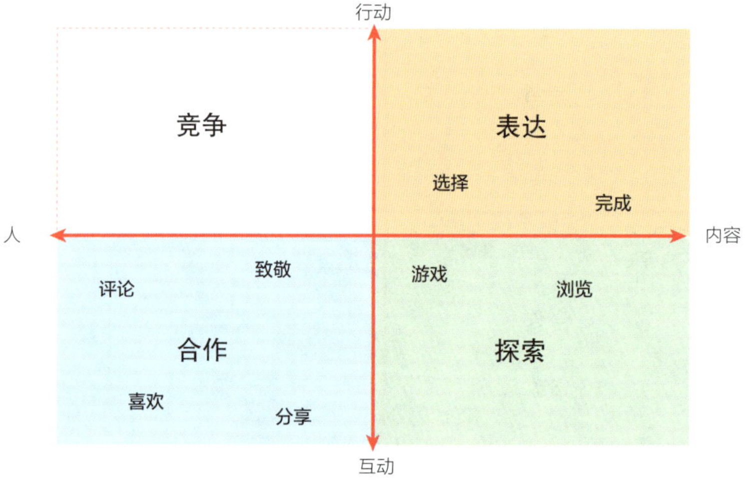

happify 社交行为矩阵

集中到竞争和表达这两个象限中，此外还能通过分享和帮助产生一些合作。

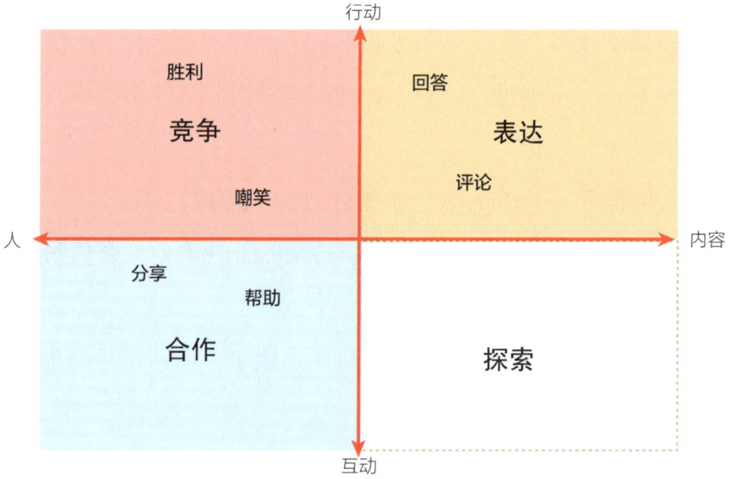

HQ 社交行为矩阵

对于社交连接模式问题的答案，无所谓对错。重要的是，用户在你的产品体验里寻求什么，你就要聚焦于与之最匹配的那个象限。在打造简易版的最小可行性产品alpha测试时，这一点特别有帮助。

量身定制社交行为矩阵

让我们假设，你已经做了一些用户发展方面的调查研究，并且对于用户的需求、习惯和目标有了更好的了解。你和你的团队现在开始充实创意，制作原型。

用社交行为矩阵评价一下，你想要打造的东西和用户真正关心的东西之间究竟是什么关系。请从一张空白的社交行为矩阵图开始。

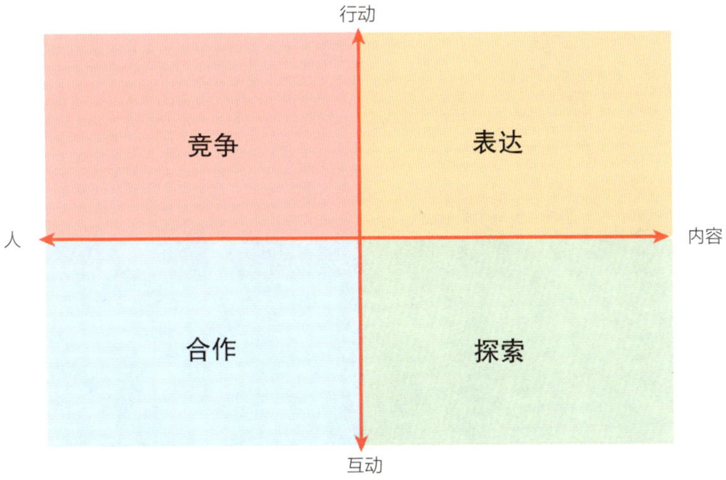

在一个色块中，写下在你的产品上能够采取怎样的社交行为，将这些行为放置在与各自相关度最高的矩阵中。在另一个色块里，写下代表用户待满足需求和核心目的的社交行为，将这些行为也放置在相

应的矩阵中。

现在退后一步，问一问自己：你的产品是如何与用户的目标产生关联的？如果的确有关联，则要加倍努力；如果没有关联，你就有事情要做了——要么重新定义你的目标用户，要么重新想一下你的设计。

没有任何一种模型能够提供终极答案。把社交行为矩阵设想成一个起点，从这个起点开始了解玩家的目标所在，并且运用它来聚焦你的最小可行性产品或alpha测试中最重要的社交行为。一旦你理解了社交行为矩阵的运作方式，就可以去修改它，从而让你的用户和产品更紧密地联系在一起——就像我修改了巴特尔玩家类型，从而达到了上述目标一样。

/ 社交行为矩阵清单 /

现在轮到你了。回答这些问题，充实你的社交行为矩阵。

竞争

你的用户可能会采取怎样的行为来彼此竞争、展现才能或参与排名竞争？

合作

你的用户会采取怎样的行为来合作、构建伙伴关系，并参与组织或团队，来实现共同的目标？

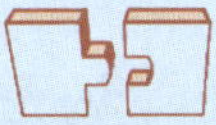

表达

你的用户会采取怎样的行为来表达自己、个性化他们的经历，或者炫耀他们独特的创造性技能？

探索

你的用户会采取怎样的行为来探索边界、发现可能，或者炫耀他们的知识？

/ 社交行为的制约因素和突破捷径 /

当你勾勒社交行为时，注意下面这些经常会碰到的制约因素。

制约因素 1：试图填满所有的象限

成功产品的起点都是有限的几套行为，但这些行为能够点亮用户，用户群体也从这里开始扩张增长。不要试图填满矩阵中的所有象限，这并非操作的重点。试图为每一种社交模式提供多种行为，这是很多人会犯的错误，那样只会让你无法聚焦真正重要的东西。

突破捷径：识别最能表达用户驱动力的两个象限

要避免这个问题，就要尝试聚焦与你的用户目标最为匹配的两个象限。在这两个象限中，写下你的产品能够采取的行为。如果你的产品行为分布在所有象限里，那么你可能有聚焦不足的问题。这时就要考虑缩减你的功能线，以打造一个更流畅的产品体验。

制约因素 2：混淆进阶与竞争

每个人都喜欢朝着目标实现个人进阶，这是人的天性。当说到与其他人的互动时，一些人喜欢面对面竞争的刺激，而另一些人则更享受在一起组成团队，合作并击败系统。当你勾勒社交行为时，确保不要把个人进阶（比如赚取分数、升级）和社交竞争（比如玩家积分榜）混淆起来。它们是十分不同的行为，受到不同目标的驱动。

突破捷径：在填充你的社交行为矩阵前，先规划出用户个人进阶路径

你可以使用精通路径工具（详见第 6 章）和工作叙述（详见第 5 章）来避免这种混淆，勾勒出用户的个人进阶路径。以此为起点，仔细思考一下怎样的社交连接才能驱动你的用户。不要去设想每个人都喜欢竞争。玩家积分榜和面对面的竞争，或许能够强烈地激发某些人，而另一些人则对这种零和机制望而却步，他们更喜欢大家一起赢的合作玩法。

理查德・加里奥特关于玩家类型的论述

理查德·加里奥特

一个开创性的游戏设计师，也是第二代宇航员，以及《网络创世纪》的创造者。

任何一个在线社交平台都包含巴特尔玩家类型的 4 种模式。因此，在《网络创世纪》里，我们也能看到相应的功能，让你去偷，去扒窃，去攻击其他玩家。

为了能够让游戏取得平衡，我们做了一项规定：你不能在城镇里攻击其他玩家，但可以在森林里攻击其他玩家。我们的想法是，如果你是一个城镇中的铁匠，或许需要雇用矿工从城镇外的洞穴带回铁矿石，这样就能在两种不同的玩家之间建立一种经济循环。

但人们学会了在玩游戏时利用其他玩家。一个专家级玩家会说："你看你是个菜鸟，和我一起去森林吧，我让你知道如何狩猎。"一旦出了城镇，他们就会攻击菜鸟，并且拿走他们的物品。我们的挑战来了：如何让这个世界对于狩猎者来说更刺激，但同时也让菜鸟得到他们应有的乐趣？

马特·利科克关于合作型游戏的论述

马特·利科克

一个棋盘类游戏设计师和用户体验专家。他的首款游戏《瘟疫危机》(*Pandemic*)是一款合作型的棋盘类爆款游戏，在游戏里，玩家可以组团把世界从致命的病毒中拯救出来。

我妻子和我曾经玩过一款谈判类的棋盘游戏，这款游戏真的让人非常厌烦。我们都完成了游戏，但感觉很糟糕，自己都奇怪为什么会去做这件事。然后我们尝试了《指环王》这款合作型游戏，在里面我们可以一起合作去击败一个共同的敌人。即便失败了，我们的感觉也非常棒。

我觉得《指环王》的整个设计非常有意思，而且我想看看自己是否能够做出类似的东西来。这就让我创造出了《瘟疫危机》，一款我喜欢与妻子一起玩的游戏。

我在我的游戏设计工作里，可以使用全部的用户体验工具。在用户体验设计中，有一件事我非常喜欢——图纸原型，它能够迅速创造出一个设计，获得反馈，并且不断迭代。

在棋盘类游戏里，图纸原型就是产品。我不需要其他人为它写代码。修改游戏就好像抽出一张牌，或者把原有的东西勾掉再重写一样容易。

第四部分　试玩

让我们拒绝学习的
是我们认为自己已经知道了。
/
克劳德·伯纳德
物理学家
/

在这个阶段，你应该利用最核心的早期用户，对之前的所有工作进行检验。你将学会如何创建正确的草图或原型用来测试，并且让玩家进行高价值的试玩。在这个过程中，你会获得一些问题的答案并得到有效的指导，而这些答案和指导事关产品能否成功。

第9章

画出你的产品原型图

最小可行性产品是流动变化的，不是固态不变的。

——史蒂夫·瓦萨罗

数年前，我为一个快速增长的众筹平台牵头了几个项目。其中一个项目聚焦于把一个复杂而在战略上万分重要的功能——国际航运——加入我们的平台。当我们评估线框图和产品模型时，我制订了计划，要将一些超级用户带来检验我们的流程。但我的计划被管理层的拖延毁了，“那不是我们做事的方式，我们不会向用户展现未完成的作品”。

因此，这一功能没有早期的验证，也没有早期的测试。于是，我们只能打造内部团队认为对的东西，并且提前几个月发布了这个有着强烈需求的功能。猜猜发生了什么？那些超级用户，也就是最需要这个功能的人、最先开始使用这个功能的人恨透了这个设计，因为这种设计不符合他们心目中这项功能所应该有的样子。我们发疯一样试图修复问题，投入几十个小时的时间去开发、设计和管理。

用有意义的反馈来处理高风险设想

上面这个案例说明了你为什么要提前验证设想。对于众筹平台而言，我们的高风险设想就是用户对这个复杂功能的想法会和我们一致。

这个设想是错误的。相较于事先让一些精心挑选的用户来测试你的创意，事后修复的代价更高，并且更耗费时间。

如果你养成事先测试、经常测试的习惯，并且找到了合适的人来参与测试，你将会避免这个代价高昂的错误，从长期来看反而节省时间。而且这一切的起点都是要创造正确的产品用来测试。无论你的原型呈现怎样的形态，记住你的目标是得到尽可能多的反馈，这些反馈对于你的高风险设想是有实践操作意义的。

为你的核心活动画出原型，而不是为你的推广信息画出原型

确保你的团队知道产品发现和产品体验之间的区别。一张落地页能够测试你的推广信息，但如果你真正的需求是验证核心产品功能和价值主张，那么使用落地页就是浪费时间。

接受一套足够好的视觉美学标准，并且能够快速更新

为了能够使学习的效果最大化，就要打造产品模型，这能够充分用来测试和学习。撬动你的早期用户，你并不需要向他们提供出色的视觉效果，他们就能给出反馈。你更新得越快就学得越多，你成功的可能性也就越高。

运用原型工具，迅速把你的创意变成现实

找到最快最简单的办法把你的创意可视化，并且进行测试。要抵御过度设计的冲动，运用好原型工具、现成的解决方案和原始的产品模型。

选择正确的产品原型进行测试

一个有效的原型可以呈现多种形式，通过它你能够有效地检验：

- 一个你想了解得更加透彻的竞品；
- 用草图、模型或线框图表示的草案；
- 可点击的模型（运用产品原型工具），人们可以通过它进行互动；
- 正在运转的简单原型、网站或者游戏的早期版本；
- 测试对象能够触摸的硬件原型，并且能够用它进行互动。

通过任何一种形式进行测试，你都能得到有价值的信息。哪一种对你来说是正确的，取决于产品的复杂度、所处的发展阶段以及功能。

创建草图和测试方案

在设计过程的早期，你或许会有草图、线框图或者创意模型。现在，并不是每个人都有想象力去看逼真度很低的视觉图，去设想这些东西会变成什么。然而，一些早期的试用者能够给你有用的反馈，尤其是如果你通过口头叙述来告诉他们产品未来会如何运转，从而将这些视觉草图变成现实时，更是这样。

什么时候测试方案

如果你希望早期用户能够对产品的用户界面工作流或者进阶系统给出反馈，用逼真度很低的视觉图去进行测试，其结果可能会有高度的指导性。这种做法还能在接下去的工作中为你节省时间，让你省心。要从逼真度低的视觉图中获得有用的反馈，你要做到：

- 选择正确的测试者（早期用户、超级用户等）；
- 恰当地设置视觉图（请看第 10 章的测试草案）；
- 测试的时间要足够早，这样才能获得你想要的结果，从而塑造产品、用户界面或进阶系统。

什么时候不要测试方案

如果你的核心体验真正依赖于光鲜的视觉外表，那就必须依赖这种东西去获得具有实践操作意义的用户反馈。另外，如果你的团队和股东并不信任通过产品草案获得的研究结果，你也就难以通过这种方式来做出产品决策。在上述这些情况里，这种方案并不是一个很好的测试选项。

建立可点击模型

要实现核心学习闭环可视化，并且进行测试，一个很好的方式就是针对产品的关键页面和流程建立一个可点击的模型。许多产品经理

运用原型工具，诸如Keynote、Invision或者Balsamiq，迅速为产品建立起不同版本的模型，并且进行测试。这是一种很好的办法，通过这种方法，可以在不需投入大量设计成本的前提下迅速迭代，测试各种不同的创意。

什么时候测试可点击模型

如果想获得如下反馈，可点击模型是一个很好的方法：用户体验流、屏幕设计，以及一些细节，包括导航、命名和布局。你只要知道，一旦你向用户展示了某些特别的东西，他们就会有很强烈的反应。所以，要让你的产品图表尽可能地保持简单，让用户的注意力集中在那些你需要得到反馈的元素上。

什么时候不要测试可点击模型

如果你对于自己产品的聚焦点还不是很清楚，那么可点击模型不会解决你的问题，它们甚至会把你带上错误的道路。在这种情况下，最好还是创建草图，将日常生活中的运用场景解释给你的测试对象听。

原型、游戏与应用

在早期用户身上，用原型来测试你的产品核心功能是很棒的一件事。如果你走得更远，可以用所有这些工具来收集用户对于产品的意见，并且策划一次有效的初步测试

或beta测试。如果你在打造一款游戏，很可能得聚焦于如何让一个粗陋的原型运转起来，然后得到测试，并且尽快反复上述过程。它或许是一个纸面上的模型，或许是一个运转起来的演示样本（用Unity或者GameMaker这样的原型工具做）。对规则和核心活动进行的测试会告诉你，你距离找到“趣点”还有多远。

绿野仙踪：快速创建高水平原型的方法

有没有可能在很少的技术开发或者没有技术开发的情况下，快速创建一个高水平的原型？答案是有。你可以打造一款应用，在里面你可以通过人来代替那些最终会自动化的元素，从而测试核心商业设想。

这种先用人来组成产品，测试价值主张的方式，被称作“绿野仙踪”（如果人是被隐藏起来的）或者“入门测试”（如果人是可以看到的）。这是一种可以把你的早期用户与产品连接起来的高度有效的方式，这种方式还能发现用户的需求，避免你先期就要在开发上投入大量资源。爱彼迎（Airbnb）和土豚（Aardvark）就是两款著名的服务型应用，其最开始的最小可行性产品就是先用人来代替的。

一旦用最小可行性产品画布明确了你的设想，就得考虑一下，这种用人来实现的最小可行性产品是否能够帮助你测试、提炼设想。不要勉强，这种办法不是对每款产品都适用。比如，很多数码游戏就不太适合这种方法，但大多数服务型和市场型的应用都是适用的。

硬件原型

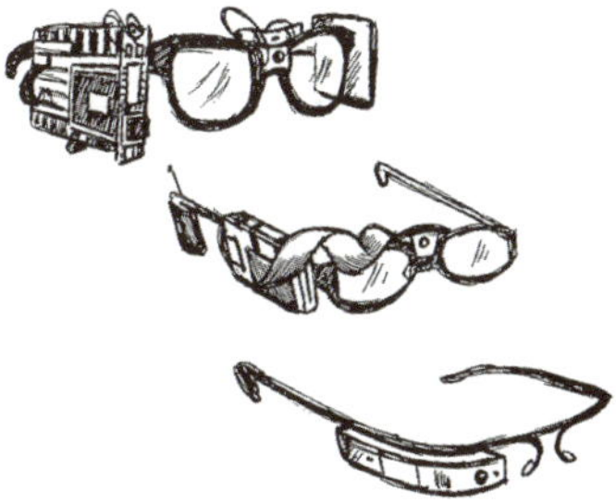

如果你在开发一款硬件，那么用人来实现的最小可行性产品很可能无法帮助你。你还是需要打造一些潜在用户会选择、会使用的东西。

你的第一款原型可能是用多余的零件和胶带拼凑起来的，因为它能够帮助你迅速进行迭代。这是一个很好的起点。从这里开始，你就能够一步步地打造、测试产品的更成熟版本，就像在这里展出谷歌眼镜的各个迭代版本一样。

竞品是你的秘密武器

如果你还没有准备好向早期用户展示你的草图、模型或原型，可以用一款竞品来进行试玩。比如，如果你在制作一款社交分享产品，你可以招募一批十几岁的女孩来使用Snapchat，并且让她们简单地说一下她们是如何使用的。

这门技术是一个金矿，你会从中知道在你的市场领域里，对于相关问题用户是怎么想、怎么说的，从而更好、更持续地打磨测试技术。

/ 原型清单 /

现在轮到你了。回答以下问题，判断要打造怎样的原型。

明确你的试玩目标

每一次有效的实验都从清晰的设想开始。对于即将开始的试玩，要想最大限度地获取信息，就要写下你所要验证的设想。

选择一种原型格式

在产品发展的这个阶段，选择一种你会使用的原型格式：

- 草图或者静态模型；
- 互动模型（计算机、手机、平板电脑）；
- 纸面原型（大多适用于游戏）；
- 硬件原型；
- 简单、简装、运行着的游戏、网站或系统；
- 入门测试或“绿野仙踪”服务。

规划你的原型

简短地描述一下原型会如何运转，你会如何打造这个原型。

/ 原型的制约因素和突破捷径 /

当你在为核心活动制作原型时，在整个过程中要注意以下制约因素。

制约因素 1：聚焦于“发现”和“启程”

打造最小可行性产品可以有很多办法。比较普遍的解决方案是创建一个假的登录页来测试发现系统，但这种做法有可能导致用户分心和被误导。

突破捷径：为你的核心闭环做出原型，而不是为营销信息做出原型

确保你的团队知道，测试产品发现系统和针对你的核心产品体验做出原型这两者之间的区别。为了打造一个具有黏性的产品体验，你首先应聚焦于检验和调试你的学习闭环。

制约因素 2：用户体验和图片完美主义

要当心视觉质量和美观度的诱惑。在产品发展的过程中，视觉质量和美观度的确有其重要位置，也需要时间去打磨。但在早期的原型打造阶段，打磨你的图片和用户体验将极大地延缓你的进度。

突破捷径：给原型获取足够好的视觉美感

为了实现学习最大化，你就要快速行动，撬动早期用户，并且打造足够好的接口，用来测试和获得数据信息。

制约因素 3：过度开发原型

同样，你要抵御冲动，不要在原型中加入太多代码。现在还不是大规

模加入代码的时候，而应快速、低成本地进行迭代，代码越少越好。

突破捷径：使用原型制作工具，或者打造超级简单的软件

找到最快速、最简单的办法为你的创意制造模型来进行测试。在任何时候，只要有可能，你都要使用原型工具、现成的解决方案以及积累起来的模型。

特蕾西・富勒顿关于原型制作的论述

特蕾西·富勒顿

USC游戏创新实验室的负责人，这是一家引领新潮流的游戏创新实验室。她的新作《瓦尔登湖》(*Walden*)让玩家置身于作家梭罗的瓦尔登湖实验之中。

作为一个游戏设计师，你的首要任务就是发现一批核心玩家。大概每周一次，你的创意要进行一次新的迭代测试。

迭代不用做得太深入。它们可以是故事板，也可以是纸面原型。你不必花费大量的金钱。事实上，如果你测试了五个创意的快速纸面原型，你的探索面就能被拓展，把其中三个丢开，然后用另外两个创意进行下一次迭代。

对于那些试玩的用户而言，要确保你的大门一直敞开着。我们曾经设计过一款教育类游戏，为此我们聚集起一群喜欢这款游戏的教师。当有一个游戏创意要进行测试时，我们还会邀请孩子加入，并让他们玩纸牌游戏。

成本低廉且快速的迭代是强大的工具，因为如果花费太多时间去试图实现你自己的创意，你就会爱上它。

第 10 章

用核心用户测试你的创意

你可以在草图板上使用橡皮，否则，
你就只能在建筑现场使用大锤了。

——弗兰克 · 劳埃德 · 赖特，
建筑师

策划高价值的试玩

挑选合适的人对初级版本的产品进行测试，这一点很重要。

之前，你已经通过超级粉丝筛选器和快速面谈，辨别出了一些潜在的最小可行性产品测试者。

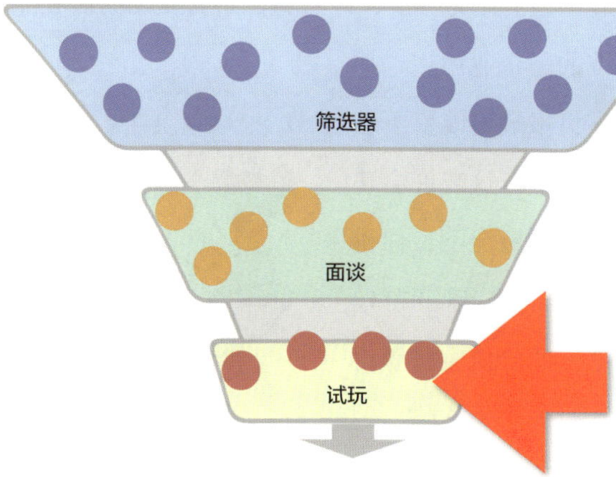

现在，是时候用这些早期核心用户来设置、运行短暂的、高价值的测试面谈了。

为一个小时的测试面谈排期

协调日程需要耗费精力，因此要尽早给你的测试面谈排定日期。总体上，要试着给每场测试面谈分配一个小时，这会给你充足的时间与实验对象面谈，以测试你的原型，并且做出简报。

然而，如果你的原型还很简单，或者在整个流程中还处于较早的阶段，那么半小时的测试面谈就能让你受益无穷。运用你的判断力，安排符合你需求的测试面谈，确保实验对象能够到场。

是否要支付报酬？

如果你在为消费者打造一款应用、产品或者游戏，很可能要给实验对象支付报酬。通常的价格标准是每小时 50 美元，但我给出的价格区间是每小时面谈支付 25~100 美元，具体数目取决于测试参与者的年龄、收入水平和专业知识水平。为了不让事情变得复杂，我们给测试对象提供亚马逊礼品卡作为报酬，或者他们最喜欢的商店礼品卡。

如果你瞄准的是企业用户，那么向测试对象支付报酬可能就不管用了。在某些情况下，这或许会违背行业规定。在这种情况下，你得设置 30~60 分钟与潜在超级粉丝的信息面谈，就你的价值主张获得他们的反馈。针对他们为你付出的时间，你得考虑其他形式的回报，而不是支付报酬。

单独测试还是成对测试？

通常来说，大多数人会把用户测试视为一种单独的行为，并且在每次测试面谈中只安排一个人。如果你的产品就是用户单独使用的，没有社交互动，那么这是个好办法，因为测试中复现了产品的核心使用场景。

但你的产品可能被用于社交场景或者家庭场景，也就是可能存在多人互动，或多人一起观看、评论的行为，那么你最好安排测试对象成对或者以小组形式进行测试，这样才更有可能获得有操作层面意义的数据。

成对测试揭示思维过程和社交动态

在揭示人们的思维过程方面，成对测试尤其有价值。因为测试对象在产品上互动时，会很自然地彼此交谈。要从这种测试面谈中获取最多的信息，就要试着复制你的核心用户社交场景。如果你还无法确定，那就安排几次单独测试和几次成对测试，然后评估一下通过哪种测试能够获得更好的效果，再多做几次效果更好的那种测试。

现场测试还是远程测试？

当面看到测试对象，可以有机会观察他们的肢体语言，同时倾听他们的反馈。如果你的测试对象在当地，你可以亲自进行测试面谈，从而拓展你的学习带宽。比如，你可以在办公室或者会议室里建立一个简易的测试实验室，就像谷歌风投（Google Ventures）所做的那样，并且邀请测试对象进行一系列的面谈。

你也可以在测试对象的家里，或诸如酒吧、咖啡馆之类的公共场所进行面谈。

这是一种高成本的方式，但可能在数据收集方面更加有效。秉持实验主义和投机主义没什么问题。如果觉得这个创意有前途，就好好试一下，然后看看你能得到什么。

你也可以在线进行测试面谈，使用Skype或者Zoom之类的视频通话软件。如果测试对象正处于使用产品的环境中，这种远程会议可能特别有用。比如，在为Pley进行的面谈中，我们就使用了Skype与父母和孩子们面谈，面谈内容是他们玩乐高的习惯，而对方在面谈时就处在家庭环境里。

写下试玩指导

为了在测试面谈中得到最多的信息，由三部分构成的试玩指导可以指导你安排时间。

第一部分：热身

在第一部分，你得更好地认识你的用户，并且让他们放松下来。在测试面谈的一开始，你该提出哪些问题呢？这取决于在筛选调查和快速面谈阶段，你已经从这些人身上了解到了哪些信息。

- **追踪并且更加深入。**

如果前一阶段的快速面谈进行得较为顺利，那些短暂的对话将让你想知道得更多。现在就是追问的时间了。你得通过提问得到最多的信息，并且对你所好奇的相关问题、情感和习惯进行深度挖掘。此外，由于这是一个早先谈话的自然延续，因此它也能帮助你的测试对象放松下来。

- **如果有必要，进行介绍性面谈。**

有时候，你希望测试一些在先前的两个过滤测试阶段中并没有出现的人，那些人也因此没有经历过最初的快速面谈。在这种情况下，你就得在测试面谈里先加入一段介绍性面谈，可以参考第 3 章里的模板和指导。

- **向“展示并且告诉”阶段过渡。**

最好能养成早测试、常测试的习惯。因此，无论你处于哪个阶段，都要考虑一下你可以向用户展示的东西，从而测试你的设想。要小心地过渡到这个阶段。在你的热身面谈后，告诉他们你在“换挡”，你会展示与本次谈话相关的产品概念，并希望得到他们的反馈。

第二部分：测试

接下来，你要向他们展示原型或产品（无论何种形式），让他们与产品互动，并且注意他们的反应。这个原型或产品可以是：

- 一个竞品（你可以获得关于市场的认知）；
- 一个早期的硬件原型（由胶带和零件组成）；
- 一个能玩的纸面或物理模型；
- 一家网站、应用或运转着的游戏原型；
- 可点击的模型、草图或线框图。

给他们布置任务，并且要求他们把想法说出来。

进行一次试玩，理想的方式是给他们一个挑战，然后看着他们如何应对。试着为用户创建一些任务来检验你的设想。比如，如果你正在为孩子打造一款视频应用，你可以让他们打开应用，找到他们喜欢的一个视频，然后播放。如果你的原型或产品已经有了足够的进展，你可以指导测试对象完成任务，然后看着他们跌跌撞撞地完成任务，再提出问题，从中获取信息。

对于尚处于早期阶段的产品，要获得有价值的信息，你可以请他们想象一下，如何通过使用你的产品完成特定的任务，然后仔细倾听他们描述这个动作的语言。在这个阶段，用户场景测试是一个很棒的选择。

在进行测试之前，指导他们大胆地、无拘束地去想象，并且把任何他们想到的东西说出来。如果你采用的是成对测试，那么你就有优势了，因为测试对象会彼此交谈。你需要做的仅仅是让测试开始，并且倾听就行了。

第三部分：简报

在测试对象看到过原型，并且与之进行互动后，你会花几分钟时间向他们进行一下简报，然后关注他们的反应和感觉。平缓进入这个过渡阶段的一个好方法是沿着以下线索进行提问：

“既然你已经尝试过了，你觉得这款产品如何能够适用于你的生活？”

以这样自然的方式询问，他们就不会感觉不舒服，从而坦诚地回答问题，让你知道这款产品是否真的适用于他们的生活。知道这一点是很有价值的！

一旦他们平稳地过渡到了简报阶段，就可以追问以下问题，具体措辞根据你的需求定制。

- **问题1：习惯和触发事件。**

你觉得自己在什么时候、什么时间会需要使用这款产品？在使用这款产品之前、之中和之后，你会做什么？

找出这款产品进入测试对象日常生活的切入点，挖掘能够驱动测试对象使用产品的习惯和情景触发事件。

- **问题 2：喜欢和不喜欢。**

对于这种体验，你最喜欢的是什么？不喜欢的是什么？这是一个没有对和错的问题，我们需要你直白、坦诚的观点。

找出产品体验中他们最喜欢的东西，甚至还要找出他们不喜欢的东西（这一点更重要）。要获取细节。看一下你是否能够理解他们为什么会有这种感觉。

- **问题 3：哪些东西我想要改进。**

哪些东西可以为你改善体验？如果你有一根魔法棒，你想看到什么东西有所变化，从而真正地影响你在产品上的体验，让你的生活变得更美好。

对于产品体验，问一下他们想要改进哪些东西。注意记录下所有他们拿来与你的产品体验进行对比的其他产品或者服务。这会告诉你，你的产品在他们的心目中，到底处在一个什么样的位置。

试玩时需要注意什么？

一旦你的测试面谈排定了日期，原型也准备好了，并且面谈草稿也写完了，那就是进行试验并开始收集数据的时候了。

使用面谈者与记录者组合

在进行测试面谈时，如果旁边能有一个同事帮助，你会受益更多。

其中一个人负责面谈，在整个面谈过程中引导测试对象，而另一个人负责记录，并且识别出现的模式。最好两个人还能互换角色，这样每个人都有机会成为面谈者和记录者。这样做不仅更有趣，而且有更多的眼睛和耳朵来处理这次面谈，你也会获得更有效的数据。

穿着上要注意让用户感到放松

想一想在面谈中你将会和谁说话，并且尝试通过穿着建立与对方在情感上的共鸣。无论你面谈的对象是穿着正装的办公室白领，还是穿着凉鞋的十几岁叛逆小孩，抑或游乐场里的父母，你的着装都要尽量与测试对象相似。这会帮助他们放松，并且也更容易沟通。

如果你亲自与用户面谈，着装尤其重要。对于在线面谈而言，这一点也同样重要。你穿什么、如何介绍自己，都会极大地影响测试对象对你的态度。无论线上还是线下，都是如此。

如果你进行的是远程测试，那么在面谈的热身阶段和简报阶段，甚至是测试阶段都可以使用视频通信技术。当可以看到他们的肢体语言和面部表情时，你就能更好地去了解用户的真实想法。

此外，如果有许多人参与测试，比如父母外加小孩，或者外加两个朋友，你可以观察他们是如何互动的，这可能成为你获取信息的金矿。

总结并从中发现有价值的信息

一旦进行了试玩，你就得和团队总结出 3~5 个有实践操作层面意义的发现或模式。这些发现或模式与你的最小可行性产品画布息息相关。问一问自己：

- **什么才是关键的发现？这些人喜欢什么，不喜欢什么？**

从筛选数据开始，标记出从测试面谈中得到的 3~5 个模式，尤其要注意的是从数据中浮现出的习惯、创意和待满足需求。如果可能，把每个模式与测试对象所说的一句话（原话或大意）匹配起来。

- **你证实了哪些设想？哪些设想需要重新修订或评估？**

在你的最小可行性产品画布里，这次试玩的正面回馈已经证明了哪些创意或者设想？这次试玩告诉你他们有哪些需求、习惯和欲望？再问一问自己：这次测试，我的哪几个设想还没得到证实？哪几个设想需要修订或者修改？为什么？对于问题，参加试玩的人是否和我有着不同的立场？是否存在语言上的障碍或者立场上的问题？注意挖掘细节。

- **你学到的最让你吃惊的事情是什么？**

如果有些发现让你吃惊，就要引起你的注意！那是学习过程在起作用。把你从研究中获得的未曾预料到的相关创意和意见都记录下来：是什么让你吃惊？它会如何影响你还在继续进展着的思路？比如，在为Pley做的研究中，我们获悉父母每租一套乐高玩具，都希望获得配套的指导视频。这一发现驱动我们的内容营销团队把生产上述内容作为首要任务。一个战术上的发现让我们受益无穷。

试玩之后的反馈和证实

一旦综合分析了研究结果，你就得准备好更新产品战略和设计。这是一个关键点，或者说是一段难熬的时间，要攻克这个关键点需要技巧。你如何把试玩所得出的结果转换成产品设计上的决策？从问题领域到解决方案领域的过程中，这是一个汇集点。在第五部分，你所学习到的所有事情都会汇聚在一起，最终把研究结果转换为产品决策。你将会学习如何更新产品战略，并且用游戏化思维的那一套工具来进行设计，然后让你和你的团队准备走上成功之路。

/ 试玩清单 /

现在轮到你了。回答以下问题，并计划一下你的试玩。

热身面谈脚本

一份简短的热身面谈脚本会让测试者放松，并且让你能够看到他们的习惯以及需求。用以下格式写下你的热身面谈脚本：

- 告诉我关于你参与（相关活动）体验方面的更多信息（快速面谈后的追问）。
- 现在我得请你做这件事（描述一下即将开始的测试活动）。
- 我们所需要的是诚实的回答，因此，请告诉我你心里想的，无论好坏。

测试面谈计划

写下你的测试面谈计划。你将如何进行最小可行性产品测试？一个人进行还是团队进行？远程进行还是现场进行？你如何参与其中？你如何记录下这场测试面谈：记笔记、音频记录还是视频记录？

试玩脚本

测试脚本会告诉测试对象，当他们与产品互动时该怎么做。不要引导他们得出结论，也不要偏好某个结果。比较好的做法是把主持人应该说的话原原本本地写下来，这样他们就不必在产品试玩期间临时发挥。试玩脚本应该包括初步指导、测试对象所要进行的任务，以及针对常见问题的标准反馈。

总结发现

你从测试面谈中获得的关键发现是什么？试着写出所有测试对象身上都存在的三个模式。

在你最初的创意或设想中，哪一个被证实了？测试者对什么东西很喜欢、很热爱或很激动？

测试者不喜欢什么，或者他们对什么反应很糟糕？那些创意或设想需要重新修订、修改，还是需要获取更多数据？

你所获悉的最让你吃惊的反馈是什么？写下至少一两则你事先没有预料到的测试者反馈。

/ 测试的制约因素和突破捷径 /

当在测试你的早期创意时，要注意以下一些制约因素。

制约因素 1：替代测试者说话

在整个面谈过程中，你的工作是理解测试对象的心理模式和内心观点。你可能会有替他们说话的冲动，这是不行的。一旦你开始替他们说话，你就改变了谈话，并且无法收集到有用的数据。

突破捷径：闭嘴

提问题，给你的测试对象布置任务，然后记录下他们所说的用来描述其自身体验的话。不要纠正他们，只要倾听和记录即可。

制约因素 2：虚假的正面反馈

你或许是一个有魅力的人（而且我确定你是！），但不要向测试对象施展魅力，这会导致测试对象给出虚假的正面反馈。有一种情况必定会毁掉你的实验，那就是你的实验对象开始说他们认为你想听的东西。

突破捷径：保持中立而礼貌的态度

想得到坦诚且有实践操作意义的反馈，就要确保你所使用的语言自然而礼貌，要确保无论测试对象给出的是负面的还是正面的反馈，你都欣然接受。

制约因素 3：冷淡的反应

发现你卓越的创意无法落地，是一件让人伤心的事情。你在这一点上花费的时间越久，你的沉没成本，也就是所有用来追逐那个幻影的时间、金钱还有梦想就越高。到了这一时刻，真的是“皇帝都没有价值主张”，而且你不得不做出选择：或者面对现实，或者无视用户发现的结果，继续前进。你认为哪条路更可能把你引向成功？

突破捷径：注意测试者强烈的情感以及在态度上感兴趣的状态

如果测试对象很冷淡，你就遇到问题了。你希望看到的应该是热烈的情感，要么措辞十分激烈，要么肢体语言十分积极。这些都是信号，让你知道你抓住了些什么信息。

埃里克·齐默尔曼关于试玩的论述

埃里克·齐默尔曼

一个试玩的绝对拥护者。他是游戏设计师，探索了电脑游戏和非电脑游戏的新形式，同时他也是纽约大学游戏中心的一名教授。

我相信，对于游戏设计而言，尽早试玩十分关键。人们刚进入一个行业时经常会想：游戏背后的概念是主要的事情。一旦有了概念，把游戏变成现实不过是一件只要仔仔细细、一丝不苟就能做好的事情。事实绝对不是这样的。一旦你开始打造游戏，并且进行试玩，真正的设计就开始了。

试玩的乐趣之一，就是看着你所有卓越的创意散布到现实的岩石上。如果我的一群学生争论谁的创意更好，我会说："每个人都去做个原型出来。15 分钟后回来，我们来试一试。"

我教授过不使用电脑工具的游戏设计，所有的事情都可以理解为一种游戏，比如桌面游戏、实体游戏或者社交游戏，于是我教的学生能迅速做出原型，迭代创意。一旦你转移到了数字媒介上，这样做的难度就增大了。

第五部分 验证

我热爱真实，因此我强迫自己甩开确定性
所带来的安全感。真实最终给了我回报。

/

西蒙娜 · 德 · 波伏娃

文学家

/

最后，你将学会如何运用最新获取的认知，来更新你的产品设计，打造让人欲罢不能的产品体验。你将运用游戏化思维路径图，把你的用户路径与软件发布周期匹配起来。这些工具将使你能够与团队进行卓有成效的谈话，并决定是否需要转变研发的方向。

第 11 章

更新你的产品战略

我们试图尽快证明我们是错的，因为只有那样我们才能进步。

——理查德·费曼，
物理学家

在游戏化思维路径的一开始，你清晰地表述了关键设想，并且草拟了产品简介。然后你与早期用户进行了沟通，发现了他们的习惯和需求，并且用这些信息来设计和测试你的创意。

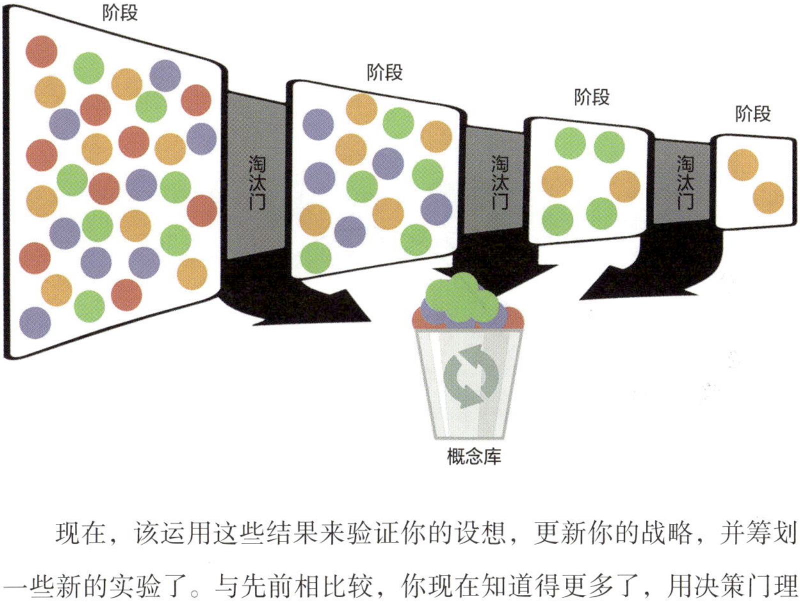

现在，该运用这些结果来验证你的设想，更新你的战略，并筹划一些新的实验了。与先前相比较，你现在知道得更多了，用决策门理论来说，你正在把赌注押到最强的那个创意上。

这些用户意见或许会支持你的设想，或许会与你的设想产生矛盾。也许你会发现一些让你吃惊的东西或者反直觉的东西。你的工作就是把那些输入进来的信息进行过滤，然后决定接下来做什么。

过滤你的研究结果

在这方面，你或许想知道："我应该聚焦于哪些问题？我应该追逐哪些创意？如果用户之间的意见存在冲突，我该听谁的？"

为了帮助你厘清上面这些问题，让我们重新探访我们的老朋友——创新扩散理论。每个给你反馈的人，无论是同事、投资者、研究对象还是朋友，都归入了与你产品相关的5个类别中。当你在给所获取的反馈结果按照重要性排序时，请聚焦你的早期使用者，这些人十分激动地想要使用你提供的产品，为了得到它甚至可以忍受痛苦和不适。

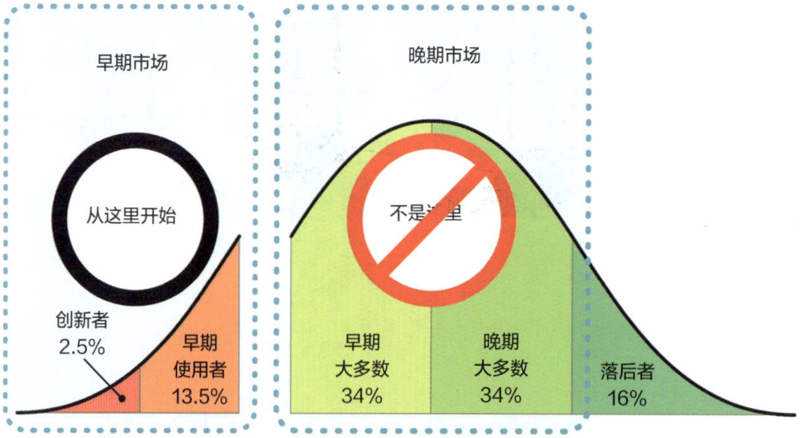

忽视那些早期大多数——他们一句话都没说，别让他们把你带偏。如果你正在做一些创新性的东西，你的工作就是发现，并且点亮早期

市场，而不是让你的老板、妈妈、同事或者高手朋友们注意到你。

产品战略：我们在打造什么

一旦你综合分析了试玩结果，就是时候更新你的电梯游说词和最小可行性产品画布了，这样也可以反映出你到底获取了什么信息。把这个设想成一种前后对照型的产品战略改造，并以此更新和改进你最初的设想。

要做这个改进，必须遵循以下 4 个步骤：

- 更新一下你所知道的关于早期用户和待满足需求的信息。你的设想是有效的还是无效的，或者部分是正确的，抓住你所知晓的。
- 更新你所知道的与那个需求相关联的解决方案和价值主张。你最初的创意是如何运转的？当初的那些设想有效吗？
- 持续不断地核实你的不公平优势以及早期指标。这些解决方案能否成为你的优势力量？是否需要更新指标？
- 更新你的关键设想——那些你创造出来并且测试过的设想。这些设想或者被证实了，或者被证伪了。更新完毕后，产生新的设想并继续测试。

电梯游说词

我们正在打造什么（一句话描述你的产品概念）。
我们为谁而打造（你的高需求核心用户）。
产品打造出来后，他们能做什么（解决一个问题，满足一个欲望，瞄准一个痛点）。

前期的最小可行性产品画布

早期用户 并非你最终希望得到且规模更庞大的用户，但这些人你要接触，你的产品设计和销售也是面向他们的。	**待满足需求** 用户为什么需要你的产品？这个产品能解决什么问题？	**我们的解决方案** 你的解决方案是什么？这些解决方案如何解决用户的问题？	**不公平优势** 是什么独一无二的优势让你的公司胜出？	**关键设想** 当你在打造最小可行性产品时，你要用它去测试哪些高风险设想？
	价值主张 市场上还有那么多竞品，用户为什么要选择你这款产品？是什么让这款产品与众不同并实现高价值的？		**早期指标** 用什么衡量你所做的早期原型是成功的？	

用户认知：我们在学习什么

在第 2 章里，你起草了最初的研究计划。现在，你将更新那些草案，并且总结研究过程和关键发现。

研究计划

什么人：拥有某些特征的 × × 人群。
什么设想：设计早期访谈或试玩，用来验证设想 1。
什么时候：距离“门控事件”还有 × × 天。
什么地方：地理位置，如在线、面对面等。
什么目标：调整我们的核心系统，根据设定的方向获取早期反馈。

重要的是：接下来打造什么

最后，你要告诉团队和股东，根据已经获悉的情况，在接下来的工作计划上会有什么变化。你会在目前的工作方向上加码，还是进行一次实质性的改变。

计划你的alpha测试

这个问题的答案取决于你所测试的设想是否得到了证实。比如，你的答案或许是通过超级粉丝进行一次为期几周的alpha测试（或其他种类的测试）。如果是这样，你得草拟一下你想招募哪些人来参与这次测试、测试进行多长时间，以及你希望从中了解什么。

alpha测试研究计划

什么人：拥有某些特质的 × × 人群。

什么设想：一次为期 × 周的测试，用来验证（设想 1、设想 2、设想 3……）。

什么时候：距离“门控事件”还有 × × 天。

什么地方：地理位置，如在线、面对面等。

什么目标：获取对于我们核心系统和功能的早期反馈。

你还得草拟一下为了这次测试，你得打造些什么，以及你要测试哪些设想。在这些早期测试中，你还会重点调试学习闭环——这一点我们在第 12 章还会有所阐述。

把研究成果转化为产品概念

看一下《贪恋时尚》最小可行性产品画布里的这种变革。我们使用游戏化思维来验证一个免费的、与现实世界时尚趋势关联的合作型游戏。我们设想的核心在于将现实世界的时尚周期浓缩到一款免费的移动端游戏里。时尚达人是否会渴望玩这类游戏呢？我们是否应该与明星造型师进行合作？

哪些东西保持不变：待满足需求、价值主张和解决方案

《贪恋时尚》用户的待满足需求是一种渴望：他们希望高端设计品牌和真实世界相关商品能给他们带来梦寐以求的穿着打扮。

《贪恋时尚》的价值主张是要做现实世界时尚的代替品：一款美丽的、让人沉浸其中的产品，让你能够保持在时尚趋势的最前沿。我们认为时尚类游戏的核心用户将成为我们的早期用户。

Crowdstar（一家社交游戏开发工作室）的不公平优势是其把用户面对面的体验延伸到了线上，而且他们有一个可以拜访的用户群，可以用来进行测试并且推广游戏。早期的指标来自在长达几个月的时间里每周所进行的面谈中，那些测试对象给出的反馈。

哪些东西改变了：目标用户与核心机制

在测试之后，我们获悉我们的付费用户比预计的年龄要大一些，并且一些玩家并不想听取明星造型师的建议，他们自己就想做造型师。我们的测试显示，Crowdstar的猜测是正确的，测试者还是喜欢玩真实世界里的时尚。

这种打造—衡量—学习的周期在短短几周的时间里，证实了我们的价值主张，让我们对原先的设计进行有益的更新改动。基于这种早期的验证，Crowdstar允许团队进一步开发游戏。如今，这款游戏已经成为该工作室最大的爆款。

COVET FASHION 之前

早期用户	待满足需求 / 价值主张	我们的解决方案	不公平优势 / 早期指标	关键设想
玩手机时尚游戏的 18~30 岁年轻女性	**待满足需求** 设计师给出建议，同时也有明星造型师的推荐 **价值主张** 她们不仅仅满足于通过“看”来紧跟时尚，还希望能有什么东西让她们“玩”，从而使她们可以跟上时尚潮流。也就是说，她们希望有《时尚》杂志（*Vogue*）的替代品	可以免费玩的实践型游戏，里面有真实世界里的时尚元素，也有最新潮流	**不公平优势** • 构建免费玩游戏的体验； • 可以访问沟通的现有的时尚类游戏用户群 **早期指标** 通过面谈，从那些铁杆的时尚游戏玩家身上获取喜欢或不喜欢的指标	• 年轻女性希望有一款基于现实世界的时尚的手机游戏； • 年轻女性希望有一个明星造型设计师来为她们服务

COVET FASHION 之后

早期用户	待满足需求 / 价值主张	我们的解决方案	不公平优势 / 早期指标	关键设想
玩手机时尚游戏的 18~30 岁年轻女性。 附：一些 30~45 岁的女性，她们同样喜欢玩游戏，并且愿意花费更多	**待满足需求** 设计师给出建议，从而使穿着上档次。 附：获得如何成为造型师的建议 **价值主张** 她们不仅仅满足于通过“看”来紧跟时尚，还希望能有什么东西让她们“玩”，从而使她们可以跟上时尚潮流。也就是说，她们希望有《时尚》杂志的潜在代替品	可以免费玩的实践型游戏，里面有真实世界里的时尚元素，也有最新潮流	**不公平优势** • 构建免费玩游戏的体验； • 可以访问沟通的现有的时尚类游戏用户群 **早期指标** 通过面谈，从那些铁杆的时尚游戏玩家身上获取喜欢或不喜欢的指标	• 年轻女性希望有一款基于现实世界的时尚的移动端游戏，她们还会在现实世界里的时尚游戏里花钱； • 年轻女性希望有一位明星造型师，以及其他类型的优秀造型师来为她们服务

模式 1：时尚浏览器

> 经过漫长一天的工作后回到家，
> 我踢掉了高跟鞋放松下来，开始看
> 那些高级时尚套装，
> 这样我就能紧跟最新时尚潮流。

产品概念：用投票游戏满足时尚需求

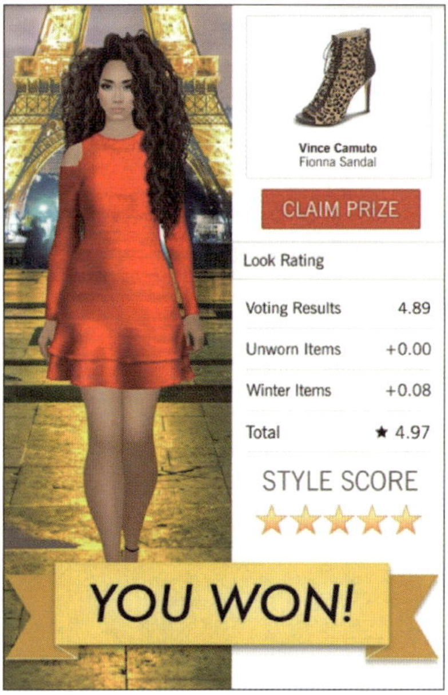

© 2018 Crowdstar, crowdstar.com

大约 70% 的测试对象在下班后，通过浏览每日最新时尚内容及评论来放松。我们知道我们需要一种可以用来放松，并且易于浏览的产品。

通过研究，我们知道这类时尚达人希望通过业余时间的浏览学到一些东西，并且希望通过有趣互动的方式来与最新时尚潮流保持合拍。

针对这些时尚人士，团队设计了一款不断变化的时尚产品，来展示玩家设计出的套装组合，附加一个形式为双项选择题的游戏，从而让每组套装都能获得评分。这个产品概念体现了时尚达人的需要：根据最新设计时尚制作的最新的华丽套装。我们通过一种有趣的轻娱乐系统来体现这种需求。在这个系统里，玩家用他们的创造力、热情和天赋互相娱乐。

当我要为一次重要活动而穿衣打扮时，
我希望扫荡一下朋友的衣柜，然后让她给出我穿戴建议，
这样我就能让她评估我的外表，我也能够更加自信。

模式 2：共同创作者

我们发现的另一种模式就是共同创作，即两个喜欢服装、购物并且和对方一起打扮的人，通常是闺密或者亲人。

产品概念：分享衣橱

在项目的较早期，我们曾经思考过采用以小组为单位进行合作挑战的形式，并且获得了不少让人十分激动的创意。这种模式给了我们灵感，让我们有了一个更加简单的合作型游戏概念：分享衣柜。

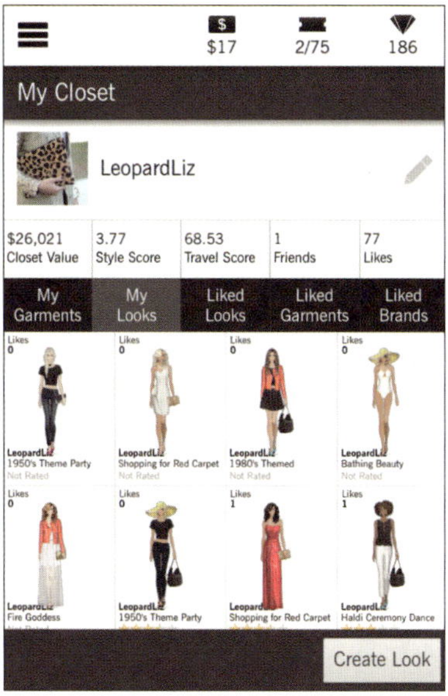

© 2018 Crowdstar, crowdstar.com

就和在现实生活里一样，你可以把朋友的衣柜一扫而空，并且向她借衣服，前提是她也在游戏里。这就产生了一个在产品中建立朋友网络的冲动，因为这能使你的衣柜变大，增加拼凑出一套迷人服装的机会。

这个系统也复制了真实世界里，你与最要好的闺密一起穿着打扮，从而提升自信与气质的乐趣。当你从朋友那里借到一件衣服时，她可以及时看到你身上衣服的变化，并且继续玩下去。

模式 3：扶手椅设计师

我们还发现一种常见的模式是扶手椅设计师，这种人在时尚领域十分地固执己见，喜欢告诉其他人如何打扮。

> 当我就时尚问题给别人反馈时，
> 我想知道我的反馈有什么效果，
> 这样我就能感觉到自己是有用的，因为我在帮助其他人。

产品概念：大众评分系统

在模式 1 的基础上，创建一个双项选择题式的时尚游戏。该评分系统收集了所有的投票结果，并且告诉设立套装的主人衣服评分如何。

每个人都能获取反馈和一个品位评分，这个评分系统是正向的。但某些人会获得最高的评分，比如那些身上套装得到最多正面投票的人，以及游戏里的特殊报酬和奖

© 2018 Crowdstar, crowdstar.com

励，包括免费的虚拟服装和装饰。

这样一来，用户想成为扶手椅设计师的梦想就成真了：他（她）找到一种方式，能够坐在家里（或者在工作间隙休息时），就别人的穿着打扮与你一起评头论足一番。此外，他（她）也可以通过赢得游戏的方式炫耀自己的品位，并就自己的套装收集别人的投票。

/ 更新版产品简报清单 /

现在轮到你了。根据试玩结果，更新你的产品简报。

更新你的电梯游说词和最小可行性产品画布

看一下你最初的电梯游说词，根据你在试玩中获取的信息写一版新的电梯游说词。

记录工作叙述和用户语录，并且让二者匹配

把工作叙述或者习惯叙述与相应的用户语录（或语录摘要）匹配起来，从而总结并且支撑你的研究发现。

更新精通路径

就发现、启程、习惯打造和精通等各个阶段，写下更新过的工作叙述。

更新核心闭环

就触发事件、可重复活动、反馈和进阶系统，写下你重新修订过的创意。

alpha测试计划

写一份关于产品alpha测试的计划。你将要测试什么设想？

/ 产品验证的制约因素和突破捷径 /

当你在验证产品战略时，注意这些通常会遇到的制约因素。

制约因素 1：验证范围失控

注意，要自然而然地拓展你的验证范围和验证目标，尤其在让早期用户来验证你的产品创意时更要当心。即便你的想法很宏大，也要自我约束，并且聚焦于快速迭代。

突破捷径：你的alpha测试要简洁流畅，测试要聚焦于一些设想

确保你的项目实验计划是小型、聚焦和高效的。你得自我约束，并且清楚为了继续前进你还需要知道些什么。

制约因素 2：迷失于细节

你的项目简报必须是具有实践操作层面意义的相关信息的总结，不要把你所听、所知的每一个细节都毫无遗漏地罗列进去。记录得太多是模式识别能力弱的一种表现，会让你更难收集到重要的信息。

突破捷径：只表达在操作层面有意义的相关意见

狠一点。把信息和相关要点大幅度简化，从而使它们能够为你所用。只传达那些具有实践操作层面意义的、与产品相关的认知。

制约因素 3：虚假的负面结果导致产品转向

有时候，你会发现你所钟爱的产品创意不是很吸引人。这是一个真实的负面结果，并且是一个转向的理由。但要当心虚假的负面结果导致产品转向。有时候，你会觉得与其小心翼翼地把反馈融入更大的愿景里，还不如追逐一个有前途的新创意，因为前者要困难得多。

突破捷径：盯紧一点，不要动摇

对于任何东西都不要过度反应、重新设计。记住你的目标是什么。对于遇到的困难尝试应对，而不是完全改变路线。

辛迪·阿尔瓦雷斯关于如何与股东对话的论述

辛迪·阿尔瓦雷斯

《精益用户发展》(*Lean Customer Development*)的作者，也是微软开发者分部的主要研究员。在微软开发者分部，她负责处理开放式用户机会，以及推动企业内部文化的变革。

高质量信息在数量上永远不会有优势。不要说什么“87%的人”，这是在给质量研究硬套上数字的外衣，是没有用的。

你应该做的是讲一个故事。“我们已经看到了一个模式。我们与各领域的各类人交谈过，他们都有这个问题。在这里你可以看到，我们是如何知道他们有这个问题的。而在这里你也可以看到，我们试图反驳：他们的问题与其他人的不同。这里有一些解决方案，或许可以消除那个问题。”

这是一个开放式结局的故事。它表明了一些可执行的东西，但没有决定性的数字，因为没有人喜欢后者。人们记住的都是故事。

史蒂夫·波特加尔关于"放下你的世界观"的论述

史蒂夫·波特加尔

在用户研究领域，他是一个世界级的专家。他撰写的《面谈用户》(*Interviewing Users*)是一本实用性手册，它告诉你如何从客户面谈中获取最大价值。

在视频《天下一家》(*We are the world*)的花絮中，所有那些流行明星都进入一个工作室。制作人昆西·琼斯举着标识牌说道:"在门口放下你的自尊。"因为有这么多大人物正在一起做事。

而我要说的"放下你的世界观"，所表达的也是这个意思。如果你打算进入别人的生活，并且在他们预定行程或从事其他任何活动时坐在他们身边，那就别考虑你自己，否则会妨碍你的。

在进行用户面谈时，把自己的世界观放在一旁，并且努力去熟悉每一件正在进行的事情。

第 12 章

画出你核心行为的原型图

灵感通常来自工作之中，而不是工作之前。

——马德琳 · 英格

《时间的皱纹》（*A Wrinkle in Time*）作者

很好，你做到了。你已经解开了从零开始构筑用户黏性的秘密。这里有一些要点，能快速总结你所学到的知识。

与一小部分核心早期用户共鸣

保罗·布赫海特说得好：打造一些一小部分人喜欢的东西，即便大多数人目前还不喜欢这些东西，你也要做下去。

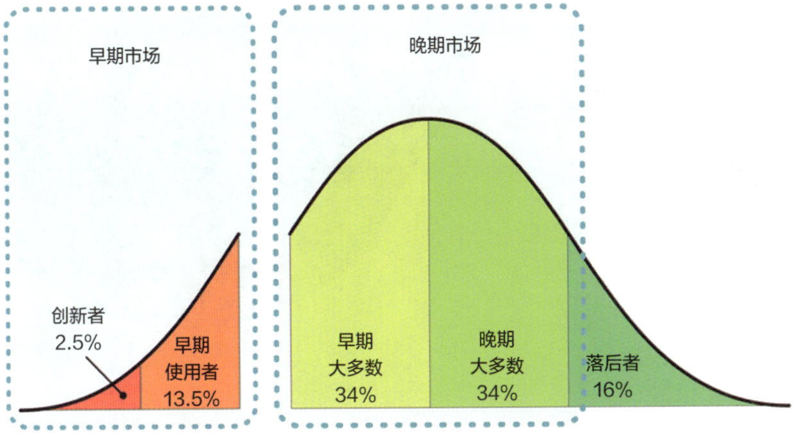

要想让产品能够到达早期大多数这个阶段，你首先得点亮自己的早期使用者（也就是超级粉丝）。找到那些对你所打造的产品有着迫切需求和渴望的人，他们能帮助你调试系统，并且验证你的创意。超级粉丝不是你最终要瞄准的目标市场，而是你产品的共同创始人。

创造一个让人愉悦的、可重复的活动，来符合他们的现有习惯

一旦与你的超级粉丝产生了情感上的共鸣，你就可以利用这些超级粉丝，围绕他们的现有习惯和需求，来设计你的最小可行性产品或alpha测试版。你可以围绕核心系统打造一个简单而引人入胜的闭环，让你的超级粉丝反馈以证实你的想法，然后把这些想法变成现实。

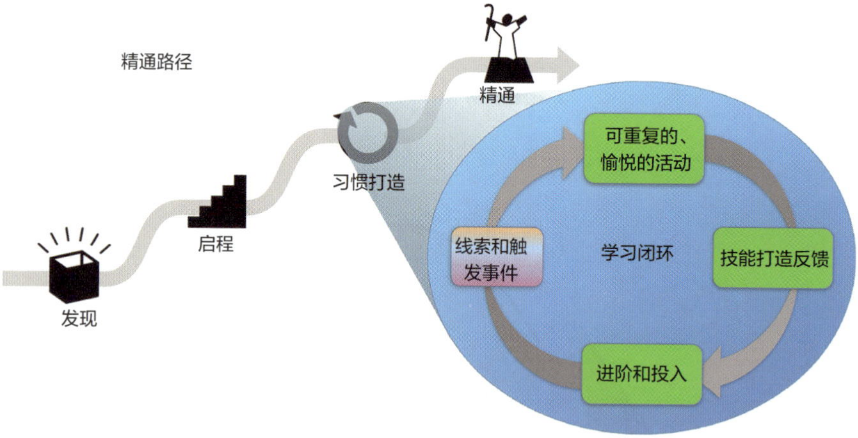

产品层面的游戏化思维

迄今为止，你已经听我说过那些可悲的故事：当你在没有现有习惯的情况下，就集中精力去打造产品的启程系统，会发生什么。当你在实现创意时，避免上述错误是一个弥补漏洞的完美办法。

你或许会好奇：听上去不错，但我如何把这些转换成产品管理语言呢？我又如何知晓在我们的发展周期中，我应该聚焦在哪一个用户体验阶段呢？

关于打造具有黏性的最小可行性产品或alpha测试版，窍门是什么？你不能把目标瞄准整片大海，也不能在一瞬间打造出你的产品愿景。你要打造什么？什么时候开始打造？

应用游戏化思维规划未来路径

为了回答这些问题，我们开发出一款名为“游戏化思维路线图”的工具。如果你想从零开始打造你的产品黏性，这套工具会告诉你在精通路径中该聚焦哪个阶段——从最小可行性产品到正式对外版，甚至更后面的阶段。

沿着横轴，你会看到4个阶段的精通路径，它可以指导你打造用户路径——从发现到启程、习惯打造，再到精通。

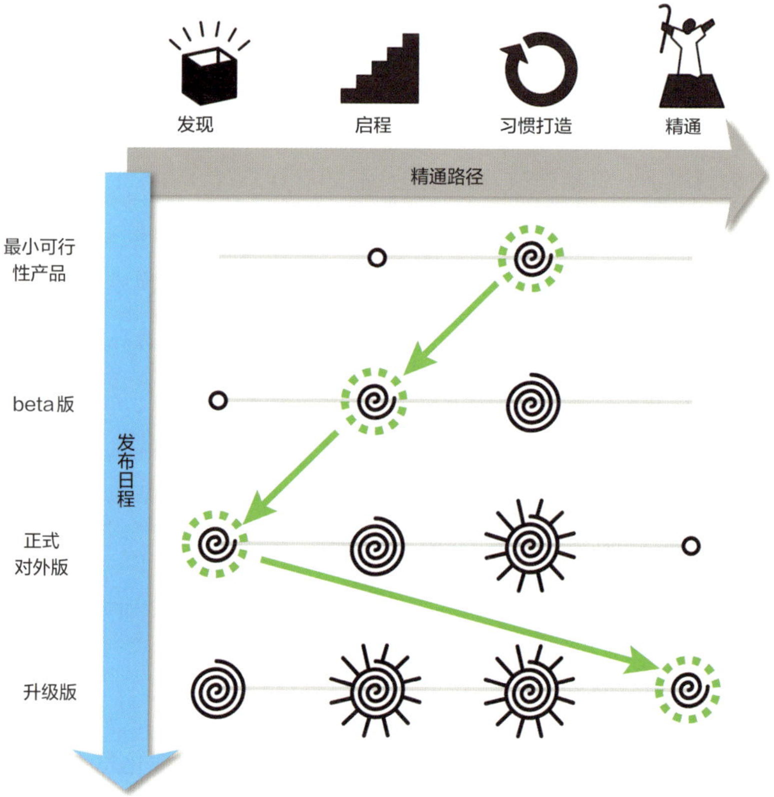

产品创造者的路径

沿着纵轴，我们可以看到作为产品初创者我们在创造之路上走到了哪个阶段。整个流程从一个最小可行性产品开始，或者从一个原型、一个可以用的东西开始；继续下去就可以看到alpha版、beta版、正式对外版、升级版，因为没有一款产品是在正式发布时就已经做完了的。

作为产品初创者或者产品经理，我们要走的是一条从产品创意到正式对外发布的道路。如果想打造一个具有黏性的产品体验，你所要效仿的是打造出持续爆款的团队，并且将这些团队的路径图作为你前进的依据。

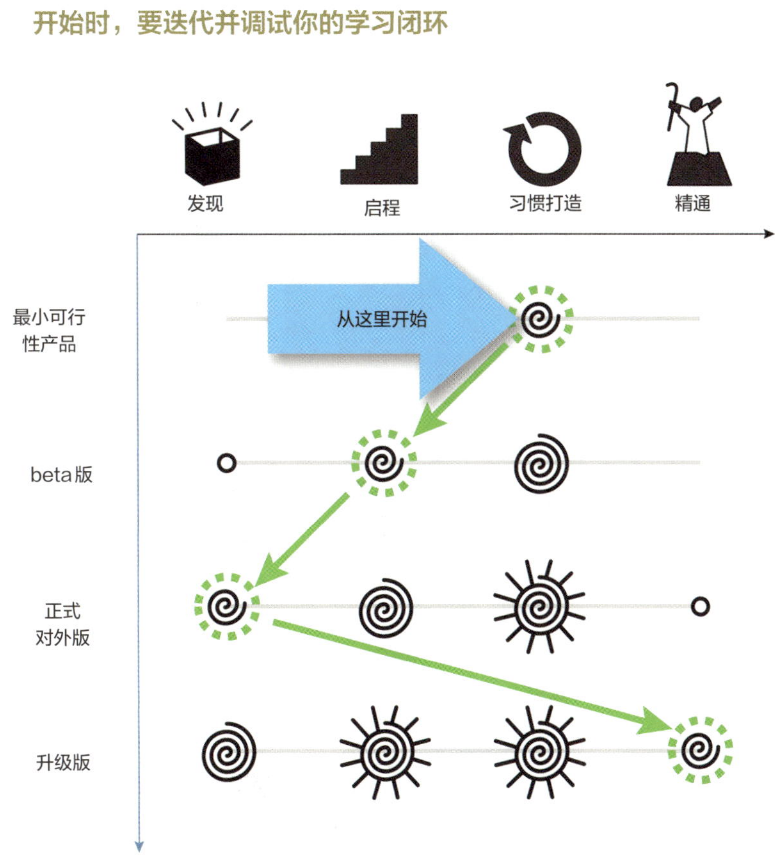

打造最小可行性产品的目的，在于对那些高风险的设想进行验证，并且对产品的早期市场情况有所了解。到了现在你应该知道，最小可行性产品是流动变化的，不是一成不变的。

你越早开始，就能走得越远，也就能经历越多“打造—衡量—学习”这样的循环迭代。

你的项目起点不应当是纯熟的“启程”阶段体验。可以肯定的是，早期使用者在使用产品时，是没有人去手把手指导他们的，但他们依然可以用得很爽。

在这个阶段里，最重要的是找到能够让用户经常回到产品上的“钩子”，即便这种“钩子”看上去很原始、很粗糙。

要想从你的测试面谈里获取更多的信息，就要像《摇滚乐队》《模拟人生》《贪恋时尚》，以及Happify、Pley背后的团队那样做事：从迭代、定义你的核心学习闭环开始。

随着你的产品成长与升级，定义启程系统

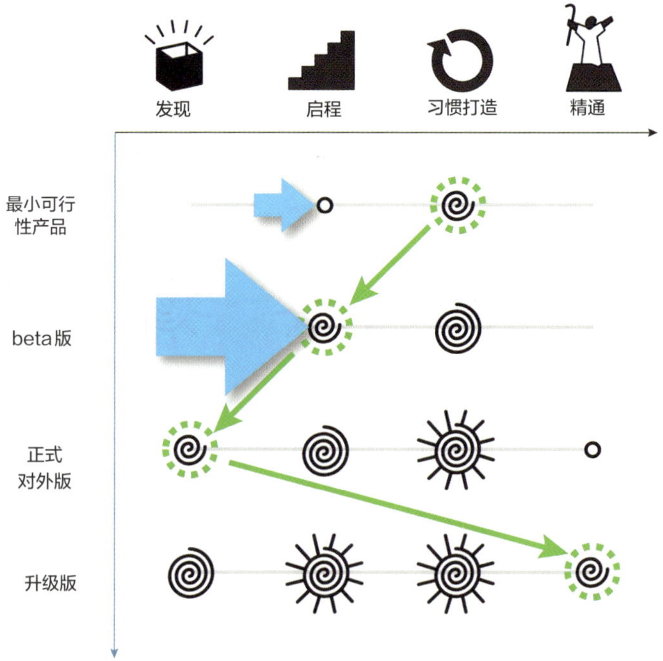

一旦发展出很厉害的学习闭环，你就要准备好去支撑成长和升级系统了。为了做到这一点，你需要几个种类的启程和发现系统。

当产品开始升级时，先做一些简单的、低精度的实验，这样你就能迅速从中学到东西，并且快速迭代。因为在那个时间点上，学习是你的主要目标。如果要进一步成长，你就需要设计一个有效的启程系统，这能让你获得更庞大，却没那么忠实的用户群。

要打造、运行beta版（封闭版或公开版），你必须进一步开发、测试和修改你的启程机制。

最优化你的正式对外版

在这个增长阶段中，你还要通过对外传播、广告传播和口碑传播

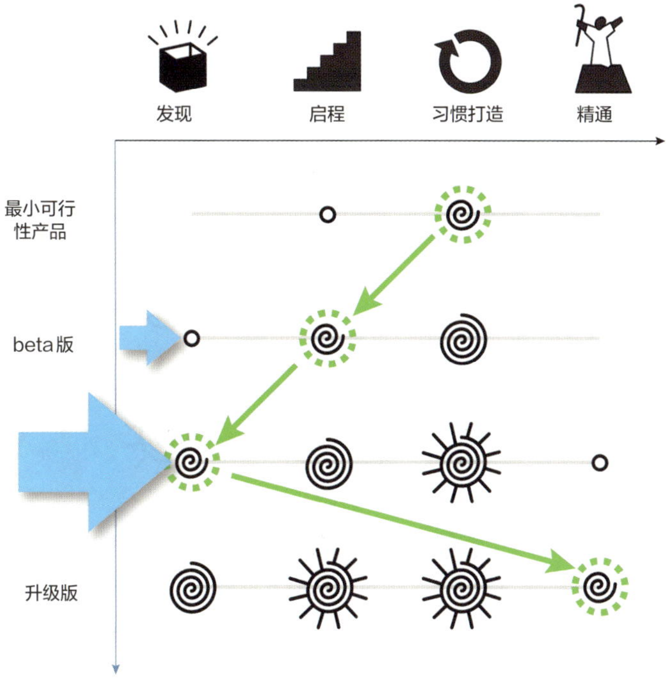

等方式，让更多人能够发现这个产品。

在创新者路径的这个点上，你在进行的是高价值的发现实验，调整目标，从而吸引到你所设想的用户。

当你准备对外发布产品时，所有这些发现实验都会给你带来回报，并且进入前台，你将运用获得的知识撰写出一条引人入胜的信息，让正确的人能够发现你的产品。

与专家一起开发精通系统

在这张智力拼图里，精通的角色经常被误读。是什么吸引别人来

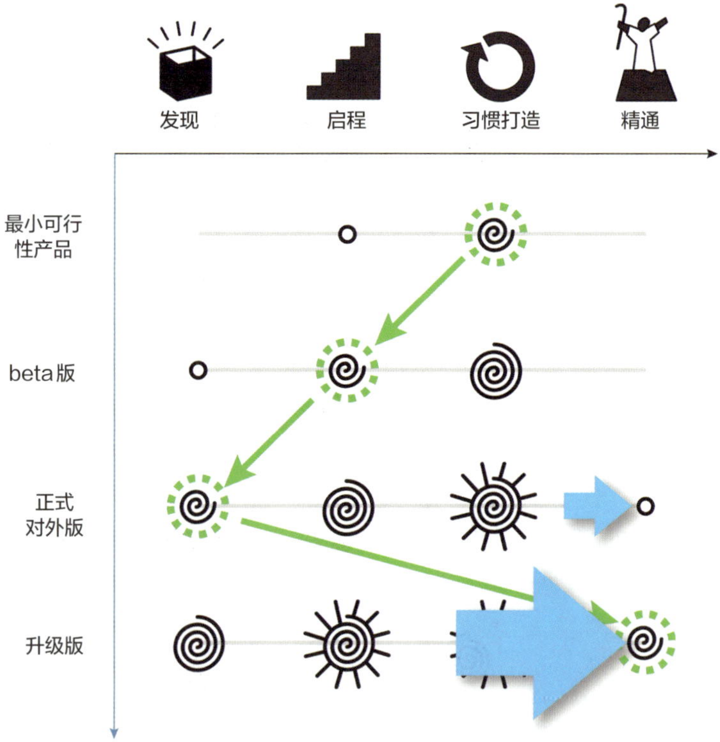

精通使用你的产品？你的用户在打造怎样的技能？用户获得晋级后如何把自己晋级的信息传达给其他用户？你又怎样为他庆贺？你的系统怎样通过比较、战斗和竞争等方式，让用户进行社交互动，或让他们联合起来实现共同目标？

如果你在打造一款游戏，在开发过程中就要融入技能和精通这两大因素。如果你希望打造一款类似于游戏的系统，你从一开始就得认清，哪些技能是你的玩家会去精通的。问一问自己：技能最熟练和最热情的玩家能够为我们贡献什么？我们又能拿出什么样的加强型角色或力量来作为对他们热情的回报？

从专家的习惯和渴望里找到你的线索。这里的“专家”是指那些精通你的系统，并且希望更深层次掌握这个系统的人。你的目标是创建系统，从而更好地利用你最热情用户的深层次需求和驱动力。

/ 产品路径图清单 /

现在轮到你了。回答这些问题，从而设想一下你的产品如何被打造出来，如何在对外发布后继续发展演化。

在alpha版测试期间调试学习闭环

想象一下你会如何继续迭代并且改善你的核心学习闭环。

在beta版里改善启程系统

设想一下你将如何打造一个有效的启程系统，这个系统将让你获得更多不那么忠实的用户。

在对外发布版里把发现系统做到最优化

设想一下新用户会通过什么方式第一次听说你的产品，并且对它产生兴趣。

与专家一起开发精通系统

设想一下，用户在精通掌握了你的系统后，会如何继续参与你的产品。对于这些专家，用什么方法驱动他们继续玩下去？他们的参与如何能够让那些经验相对不足的用户受益？

/ 产品路径图的制约因素和突破捷径 /

当你在规划产品路径图时，注意这些常见的制约因素。

制约因素 1：对于迭代实验支持力度低

实事求是地说，这些最前沿的技术要想发挥作用，就要做好迅速失败、迅速学习的准备，有时候还要进行一些复杂凌乱的实验。但如果你陷入了一个习惯于瀑布式的开发进程，并且以正式产品为模板去要求最小可行性产品的组织，上述做法就有可能遭到抵制。

突破捷径：早一点向你的同事传播理念，进行教育，成为早期启程者

让你的同事成为早期启程者。教育你的同事，让他们明白在实践和用户发现方面谋求精益求精是有很多好处的。

制约因素 2：对精通系统进行过度设计

人们很容易沉迷于对精通和进阶系统的设计，我也曾经无数次深陷其中。这也是游戏设计中最让人心驰神往、最能让人获得满足感的部分。但如果你太早就把注意力集中在这方面，你的产品体验就有可能头重脚轻，也就是看上去很厚重，但实际上缺乏坚实的基础。

突破捷径：调试好学习闭环后，与超级粉丝一起开发精通系统

约束你自己，集中注意力调试你的学习闭环。一旦学习闭环到位，你就可以通过超级粉丝给出的信息设计并测试你的进阶系统。

制约因素 3：倾听的目的不是找到问题，而是找到解决方案

你要意识到一点，有时候你听到用户的一个建议就迫不及待地去执行，却没有理解这个建议背后所隐藏的问题。有时候，用户会想到一个绝妙的主意，但他们自己并不是设计师，只会提出要实现一个功能，而这个功能并不是解决他们问题的最佳方案。

突破捷径：注意倾听重要的问题和需求

你要做的是通过倾听寻找隐含着的问题，寻找用户建议背后隐藏着的需求。一旦你理解了这种问题、这种需求，就能合理地评估他们的创意，考虑多种实现方式，并且设计出一种对于当前条件和现有系统而言最为优化的解决方案。

史蒂夫·瓦萨罗关于产品与市场匹配的论述

史蒂夫·瓦萨罗

在斯坦福大学研究设计思维，在IDEO公司（全球顶尖的设计咨询公司）工作，主攻产品设计领域。他还是《设计之路》（*The Way to Design*）一书的作者，现在是基础资本公司（Foundation Capital）的一名早期阶段投资者。

处于早期阶段的创业公司经常讨论关于产品与市场匹配的问题，似乎这就是他们工作的最终目标。当产品与市场匹配时，他们就会像在目标阵地插上旗子那样欢呼："我们办到了！现在让我们聚焦于获取用户，并且打造出我们的销售大军吧。"

而这恰恰是不得要领的表现。市场的竞争态势一直处在变化中。你的目标不是达成所谓产品与市场的匹配，而是不停地使自己的产品能够与市场合拍。

产品与市场匹配不是一成不变的，而是一个动态的过程。打造你自己的流程，这样当你设计第一款产品时，你就开始收集反馈，为下一次迭代做好准备。

埃琳·霍夫曼-约翰关于变化中的教育的论述

埃琳·霍夫曼-约翰

一个游戏设计师、幻想小说家，她对于社交激进主义和社交项目怀有热情。她还是独立游戏工作室Sense of Wonder的创始人和首席执行官。

在美国，教育是一个工厂系统。老师站在教室前面对孩子讲话，教师的角色是一个监督人。学校则在一个教室里塞入尽可能多的学生。老师和学校的关注焦点在于系统本身，而不是每一个学习者。

游戏是一对一的服务，所有的关注点都在个人身上。一款游戏能够一直领先玩家一步，对玩家在游戏里的所作所为提供反馈。游戏可以说：“嗨，你已经做过一系列动作了，再做一些其他动作怎么样？那些动作可能会让你感到不熟悉、不舒服，但或许能引导你往前一步呢？”

在改变我们的学习方式方面，游戏还有巨大的应用潜能。

行动起来

恭喜！你已经完成了整个学习周期。在一开始，我们讨论了那些创造了突破性爆款产品的团队都有哪些共同点。现在，你知道这些成功的企业家都使用一种不断迭代的、以用户为中心的设计流程，这些流程通过智能的、目标集中的实验固定下来。这些事情你也能做到。

游戏化思维的 5 个步骤给了你一套创新性的工具来模仿别人的成功，帮你打造一款引人入胜的产品。

当你开始向前推进工作，并且使用上述工具时，记住以下基本原则：

- 首先要找到超级粉丝，并且把他们发动起来，然后以此为基础进行扩张；
- 运用学习闭环从内到外打造、测试你的产品体验；
- 小修小补，制作原型，总之要假设你最初的创意或许并不正确。

在通往游戏化思维大师的道路上，不要害怕犯错误。最好的游戏和产品设计师都知道，想要获得下一个突破性的爆款，就要进行实验、犯错误、再迭代，只有这样才能成功。发现你的创意里有正确的东西固然可喜，但发现你的创意里有错误的东西，同样值得庆贺。

做到这一点，你就会迅速跃过盲点，并且把许多企业家甩在身后。

现在，你可以出发去创新了。这就是你的成功！

不过等一下，还有东西给你。

这里有份特别的惊喜，请登录gamethinking.io/superfans。

词汇表

敏捷（agile）

特征是将任务拆解成几个短小的工作阶段，并且经常性地重新评估，调整计划。在某些环境中，敏捷方式不仅会摒弃高水平的设计，还会要求进行经常性的重新设计。

alpha版

产品的未完成版，但对于你的核心产品体验而言，功能都已经具备了。

beta版

在beta版里，产品的功能已经完善，但依然需要进行调试和除错工作。

商业模式画布（business model canvas）

一张画布，说明商业模式的核心要素。

设计思维（design thinking）

一种制造产品的方法，基本做法是在设计流程中与用户产生情感共鸣、制作原型并进行迭代，并且在扩张与收缩中不停地切换。

设计冲刺（design sprints）

5 天的集中操作，快速进行设计思维的 5 个步骤。

体验设计（experience design）

随着时间的推移，在用户使用你的产品、试玩你的游戏、参加你的活动的同时，设计产品的用户体验。

体验原型（experience prototype）

随着时间的推移，对用户体验进行较为粗糙的模拟，比如场景、原型或互动模型。

首款可玩版本（first playable）

游戏的首款可玩版本，经常也是较粗糙的一个版本。

游戏设计（game design）

打造数字化游戏、体育游戏和社交游戏的艺术和学科，可能包括设计规则、设计系统、设计精益用户体验、设计视觉效果、设计音响效果、文案撰写等。

游戏化思维（game thinking）

设计黏性产品的方法，需要综合游戏设计方法，精益和敏捷设计方法，设计思维以及系统思维，并将这些要素纳入一个设计体系里。

习惯叙述（habit story）

特定种类的叙述，围绕相关习惯与待满足需求打造。

工作叙述（job story）

一个被分成三部分的叙述，通过用户的第一人称视角阐述，包含工作目的、工作背景和情感。

精益创业（lean startup）

一种迭代性的、依靠实验进行驱动的产品开发方法，核心在于通过高精度实验来验证高风险设想。

精益用户体验（lean UX）

一种产品体验设计的方法，包含精益/敏捷设计方法，比如设计冲刺、最小可行性产品和迭代试验，目的在于打造设计精良的产品体验。

学习闭环（learning loop）

一种让人愉悦的活动闭环，帮助用户更好地掌握他们所在乎的东西。

精通路径（mastery path）

当用户更加擅长游戏或产品中的某些事情时，他们所能够得到的新体验。

最小可行性产品（MVP）

也就是你能打造的最简单的东西，通过它，可以把你的学习认知最大化。依据背景，你可以把产品的alpha版、beta版甚至最先打造出来的版本称作最小可行性产品。你的定义取决于你正在进行怎样的实验。

最小可行性产品画布（MVP canvas）

一个战略规划类工具，用来打造正确的最小可行性产品，从而提升用户黏性。

试玩（playtest）

一种测试，潜在用户可以通过某种方式体验你的产品，并且给出反馈。

问题领域（problem space）

用户在知道你的产品前所处的状态，如他们的转变、惯例、需求、渴望和挫折。

产品体验（product experience）

随着时间的推移，你的产品给用户传递的体验（相对应的是产品本身）。

产品设计（product design）

实现一款产品所要设计的各个方面，如用户体验、视觉效果、功能、系统、调试计划等。

原型（prototype）

产品早期的粗糙版本，设计出来用于收集反馈。

场景漫游（scenario walk-through）

可以缓缓展现产品使用情况的视觉效果工具（视频、幻灯片、互动模型），背景是每天的日常生活。

解决方案领域（solution space）

用户的需求和习惯之外，产品所处的位置。你的解决方案可以（或不可以）解决用户的需求或者满足他们的渴望。

快速面谈（speed interviews）

产品还处于问题领域时，时长为10分钟的筛选面谈。这种面谈可以揭示出一些相关的深入认知，帮助你识别出核心超级粉丝。

超级粉丝（superfans）

高需求、高价值的早期使用者，他们能帮助你实现创意。

超级粉丝筛选器（superfan screener）

一个由6个问题构成的调查，设计它的目的在于吸引和识别高需求、高价值的早期使用者，也就是超级粉丝。

系统化思维（systems thinking）

一种将系统可视化，并打造出模型的方式。在这些系统里，各个部分互相关联、互相影响。

线框图（wireframes）

一份草图，能够反映出一款基于屏幕的产品的基本布局和功能。

致谢

我非常幸运能够与一群优秀的人实现这个创意。

我的父亲名叫韦斯利·比尔森，他是一名企业家，接连在医疗及可再生能源领域创办了几家新公司。我的母亲名叫芭芭拉·比尔森–伍德拉夫，是一名非常有才华的教育家，也醉心于教育事业，她在讲授莎士比亚戏剧方面经验丰富，并且让人陶醉。我很骄傲在《产品游戏化》这本书里能够延续这种创新的传统。在这本书里，我把训练、教育以及创办企业的一些方法融合进了产品开发。

这本书能够完成，在很大程度上要归功于我的丈夫兼合作者——斯科特·金。他负责本书的视觉设计，并且创作了插图，书的出版流程也是他推动监督的。没有斯科特的智慧和辛苦努力，这本书就不可能捧在你的手上。

还要感谢我们的制作团队。米沙·葛立科负责书的编辑和设计，罗宾·莱特负责索引。而分布在书中各个地方的那些可爱的人物卡通画，都出自奈达·嘉斯敏之手。玛尼·亚奎拉则画了最小可行性产品画布的3D图和社交行为矩阵的3D图。最后要感谢劳拉·福利，前言中的个人蜕变图解就出自她手。

在这里还要特别感谢一下拉夫·科斯特，他是我长期的合作者兼好朋友。精彩优美的推荐序就是他写的。拉夫有许多创造性的才能，但他的最爱还是写作，而推荐序很好地体现了这一点。

我还要感谢那些同事、客户和学生，正是他们帮助我把天马行空的想象变成现实中紧凑扎实的书。谢谢阿希塔·阿丘森、鲍尔·亚当斯、罗宾·亚伦森、辛迪·阿尔瓦雷斯、杰夫·阿特伍德、艾琳·奥、辛迪·奥、吕克·巴瑟莱特、吉姆·巴尼斯特、托莫·本–基基、布斯特·本森、坎迪斯·贝斯特、萨伊尔·巴克尔、蒂姆·常、贾克斯顿·切尔、丹·库克、丹尼斯·克劳利、娜佳·迪瑞科娃、乔希·埃尔曼、布莱尔·艾新顿、劳拉·弗莱、加尼丝·弗雷泽、特雷西·富勒顿、理查德·加里奥特、柯蒂斯·吉尔伯特、杰夫·格瑟尔夫、汤姆·古登、埃丽卡·豪、史蒂夫·霍夫曼、埃琳·霍夫曼–约翰、切尔西·豪、贾森·雷哈、查尔斯·赫德森、萨姆·赫利克、汤姆·伊尔曼西、凯瑟琳·伊斯比斯特、米米·伊托、纳雷什·贾殷、维纳亚克·乔格雷哈尔、卡尔·卡普、凯文·凯利、唐纳·凯利、劳拉·克莱因、拉南·拉克曼、费莉佩·拉拉、马特·利科克、奥弗·莱德纳、杰里米·刘、肯尼思·利姆、斯塔尔·朗、格雷格·洛皮科勒、梅甘·马赫达维、万达·梅洛尼、卡拉·梅弗德恩、戴维·米利希、丹·奥尔森、迈里安·波亚克、杰夫·巴顿、史蒂夫·波特加尔、桑迪·理查兹、埃里克·莱斯、特雷西·罗森塔尔–纽瑟姆、亚历克斯·里戈普洛斯、莉萨·拉瑟福德、杰西·谢尔、迈克·塞勒斯、海登·沙阿、萨拉·休伊、迈克尔·施皮格尔曼、贾里德·斯普尔、托尼·斯塔布尔宾、杰夫·曾、史蒂夫·瓦萨罗、玛格丽特·华莱士。还有凯西·温特斯、克里斯蒂娜·沃特克、威尔·赖特、罗宾·杨、埃里克·齐默尔曼。没有你们，我们完不成这本书。

参考书目

如果要获得这些参考书目和其他来源的链接，请访问：gamethinkingbook.io。

Alvarez, Cindy. Lean Customer Development: Building Products Your Customers Will Buy.“‘精益’这个术语最早来自制造业。它强调从流程里消灭废品，并且确保最终的产品是用户想要的。”

Buchheit, Paul. *Blog Post from* July 30, 2014.“打造一些只有一部分人喜欢的东西。即便大部分人还不能马上接受它，也要这么做。”

Bartle, Richard. Hearts, *Clubs, Diamonds, Spades: Players Who Suit MUDs.*“取得成功的人是钻石（他们总是在寻找宝藏），探索者是铲子（他们总是到处挖掘信息），社交者是心灵（他们总是与其他玩家在情感上产生共鸣），杀手则是棍棒（他们用棍棒袭击别人）。”

Christensen, Clayton. *The Innovator's Dilemma: When New Technologies Cause Great Firms to Fail.* Harvard Business Review Press, 2015.“有时候，不听用户的意见反而是正确的，有时候正确的做法是投资于低性能且低利润的产品，有时候正确的做法是积极地瞄准小市场。”

Collins, Jim. Good to Great: *Why Some Companies Make the Leap... and Others Don't*. Harper Business, 2001. “所有能够实现从优秀到卓越的公司，都拥有这样的领导者：他们有着坚定的决心，为了让公司变得卓越，他们会以坚忍的信念去做任何需要做的事情。”

Cook, Dan. *Loops and Arcs*. Lost Garden blog post, 2012. “既然闭环与弧度能够轻易地互相嵌套、连接，在实践中，你会把两者混合起来，就好像做化学实验那样，然后就难以把它们分开了。最简单的分析办法就是搞清楚：什么东西是重复发生的，什么东西不是。”

Cook, Dan. Rockets, *Cars and Gardens: Visualizing Waterfall, Agile and Stage* Gate. Lost Garden blog post, 2006. “有些团队能迅速了解用户的偏好、代码和商业逻辑，而有些团队则做不到这些，前者的表现经常优于后者。”

Cooper, Robert. Winning at New Products: *Creating Value Through Innovation*. “阶段门理论已经成为今天业内最广泛使用的，用来构想、开发和发布新产品的方法……我希望第 5 版图书能够像闹钟一样，让你能够掌握创新的方法和大胆的产品开发方式。”

Csikszentmihalyi, Mihaly. *Flow: The Psychology of Optimal Experience*. Harper Perennial Modern Classics, 2008. “大多数让人感到愉悦的活动都不是自然而然形成的，它们需要人们付出努力，而这些努力人们一开始是不愿意付出的。一旦这种互动对人们所展现的技巧给出反馈，通常就会给用户实实在在的奖赏。”

Drucker, Peter. *The Effective Executive: The Definitive Guide to Getting the Right Things Done*. Harper Business Essentials, 2006. “管理在很大程度上是以身作则。那些无法管理自己的管理者，都树立了错误的

榜样。”

Fullerton, Tracy. *Game Design Workshop*. A K Peters, 2014. “书中所包含的操作并不需要精通程序，也不需要视觉艺术方面的技巧，就能够把你从错综复杂的数字游戏中解放出来，同时让你能够了解在你的游戏系统里，哪些能够奏效，哪些不会奏效。此外，这些操作还会教授你游戏设计中最重要的技能：制作原型、试玩，然后根据用户反馈修改系统的流程。”

Hall, Erika. *Just Enough Research*. A Book Apart, 2013. “早期用户为了让自己的需求得到满足，不惜花费成本，忍受产品的荒谬与粗糙之处。”

Hall, Erika. *Conversational Design*. A Book Apart, 2018. “我们在设计一个数字化系统时，如何让它感觉上更像真人，而不是机器？无论与你一起工作的是负责视觉设计接口的、前端技术的还是内容设计的，都要知道这一点：谈话是创造出不依赖设备、以人为核心系统的最好模式。”

Hoffman, Reid. *mastersofscale.com*. Podcast and web site. “对于你的产品而言，只有 100 个人疯狂地爱上它，胜过 100 万人只是有点喜欢它。”

Hoffman-John, Erin (Contributor) and Robert J. Mislevy (Author), and contributors Andreas Oranje, Malcolm I. Bauer, Alina von Davier, Jiangang Hao, Seth Corrigan, Kristen DiCerbo,Michael John. *Psychometric Considerations in Game-Based Assessment*. CreateSpace, 2014. “将心理测量学的概念运用到游戏的评估里，不仅是把心理测量学的方法运用在学习和用户黏性方面做到最优化的游戏里，还可以为它们如何打分想办法。好的设计流程会把游戏设计、指导系统设计和所需的评估系统综合考虑进去，这样从一开始，每个方面的关键因素都会被考虑进去。这种整合性的办法鼓励设计师认识到：要权衡一下抄捷径的设计领域与系统性解决方案哪个更重要，后者能平衡所有的关注点。”

Hulick, Sam. *UserOnboard.com.*“我一般极不情愿给别人我的邮箱地址，但当输入信用卡号都成为一种自然行为的时候，相较而言，被迫输入邮箱地址反而成为一种真正的解脱。”

Isbister, Katherine. *How Games Move Us: Emotion by Design (Playful Thinking).* The MIT Press,2016.“那些游戏世界以外的人经常告诉我，他们害怕游戏会让玩家麻木，成为另一种人。他们觉得游戏会扼杀同情心，并且创造出孤立、反社会、孤独的一代人。而在这几页中，我坚持认为上述说法是错误的。”

Klein, Laura. *Build Better Products: A Modern Approach to Building Successful User-Centered Products.* Rosenfeld Media, 2016.“更好的产品改善用户的生活，同时使产品设计公司获得进步。换句话说，更好的产品可以通过让用户更加满意来为公司赚取更多的钱。”

Kelley, Tom. *The Art of Innovation: Lessons in Creativity from IDEO, America's Leading DesignFirm.* Crown Business, 2001.“失败是成功之母。”

Kim, Amy Jo. *Community Building on the Web: Secret Strategies for Successful Online Communities.* Peachpit Press, 2006.“一开始是你自己定义目标，选择你的产品需要哪些功能，并且为产品专门定一个调性。随着你的社区不断壮大、成熟，社区成员在打造和维系社区文化方面，就能够也应该去扮演越来越重要的角色。”

Kohn, Alfie. *Punished by Rewards: The Trouble with Gold Stars, Incentive Plans, A's, Praise, and Other Bribes.* Houghton Mifflin, 1999.“事实上，我们越使用人工诱导来激励人们，他们越会觉得让他们做的事情没意思。报酬会把玩儿变成工作，把工作变成苦差。”

Koster, Raph. *A Theory of Fun.* O' Reilly Media, 2013.“‘趣味’就是

‘学习’的同义词。”

McCloud, Scott. *Understanding Comics: The Invisible Art.* William Morrow, 1994.“当我们通过卡通漫画抽象出一个形象时，固然会聚焦于某些特定的细节，但同时对于其他细节我们并没有完全忽略。通过对这个形象进行简化，简化到它最核心、最无法舍弃的‘意义’，艺术家就能够放大这个‘意义’，其所使用的方式是写实艺术做不到的。”

Moore, Geoffrey. *Crossing the Chasm.* Harper Business, 2014.“进入主流市场是一种盗窃行为，因为它破门而入，连哄带骗，甚至偷偷摸摸。”

Nielsen, Jakob. *Paper Prototyping Training Video.* Nielsen Norman Group.“说服那些满腹狐疑的团队成员，他们不相信设计粗糙的产品就能被用来测试。在这方面，与其喋喋不休地说，不如做给他们看。”

Olsen, Dan. *The Lean Product Playbook: How to Innovate with Minimum Viable Products and Rapid Customer Feedback.* Wiley, 2015.“你测试的第一个原型就是你的现实产品，同时，用它来检验设想，这样就能在打造产品之前，用更少的资源更快地了解到信息。”

Osterwalder, Alexander and Yves Pigneur. *Business Model Generation: A Handbook for Visionaries, Game Changers, and Challengers.* Wiley, 2010.“对于任何一个拼尽全力试图改进商业模式，或者创造一个新的商业模式的人而言，《商业模式新生代》是一本具有实践性、启发性的手册。”

Pink, Daniel. *Drive: The Surprising Truth About What Motivates Us.* Riverhead Books, 2011.“控制导致顺从，自治导致连接。”

Portigal, *Steve. Interviewing Users: How to Uncover Compelling Insights.* Rosenfeld Media, 2013.“一个好的面谈者，会深思熟虑地选择特定的话语来告诉面谈对象，除了说什么，他还会考虑什么时候说、如何说，以

及什么话在什么时候不能说。”

Ries, Erik. The Lean Startup: *How Today's Entrepreneurs Use Continuous Innovation to Create Radically Successful Businesses.* Random House, 2011.“为了增加你成功的概率，通过‘打造—衡量—学习’这个闭环把你所要花费的时间最小化。”

Rogers, Everett. *Diffusion of Innovations.* Free Press, 2003.“从本质上讲，裂变是一个社会进程，通过这个进程，人们口口相传，从而把一个创新散播出去。”

Ryan, Richard M. and Edward L. Deci. *Self-Determination Theory: Basic Psychological Needs in Motivation, Development, and Wellness.* The Guilford Press, 2017.“大多数人在他们的生命中显得非常努力，自我驱动力强，责任感强，而且这种情况是一种常态，而非特例。这表明人性中一些积极而持久的特质。”

Schell, Jesse. *Art of Game Design: A Book of Lenses.* CRC Press, 2008.“当你从尽可能多的角度审视你的游戏时，好的游戏设计方案才会出现。”

Sellers, Mike. *Advanced Game Design: A Systems Approach.* Addison-Wesley Professional, 2017.“对我来说，游戏的独特能力在于它们让我们能够创造系统，与系统进行互动，让我们真正地知道系统是什么，又是如何运转的。”

Sierra, Kathy. *Upgrade your users, not just your product.* Blog Post, 2005.“对于大脑来说，学习新知识固然是令人愉悦的。因此，如果产品的市场就是人们的对话，那为什么不用对话来帮助个人学习呢？”

Traynor, Des, Paul Adams, Geoffrey Keating. *Intercom on Jobs-to-be-Done.* Intercom, 2016.“当你在试图满足已经存在的需求时，不必去说服

你的用户：他们需要你的产品。”

Vassallo, Steve. *The Way to Design.* Foundation Capital, 2017. “系统化思维是一种心理状态，一种可以用来看到并且探讨事物之间相互关联的方法。系统化思维利用一系列的关系和因果逻辑，将互相独立的各个元素看成一个整体，并且认为这个整体和单个元素至少一样重要。它强调的是从事物的各个部分中看到整体性，这种整体性既没有直接表现出来，也是不可预测的。”

Wodtke, Christina. *Pencil Me In: The Business Drawing Book for People Who Can't Draw.* Boxes & Arrows, 2017. “如何教成年人画画，哪里有能轻易看懂的书？大多数教人画画的书都让人望而生畏。它们教你如何画建筑物、画赛车或画真实的人，但对于除设计师以外的人来说，这并不是他们每天所要画的东西。我决心写一本书给工作中的专业人士看，同时又不会把其他人吓跑，这本书的主旨就是教你如何把你在产品决策和商业决策中需要思考透彻的东西绘画下来。”

Wodtke, Christina. *Radical Focus: Achieving Your Most Important Goals with Objectives and Key Results.* Cucina Media, 2016. “第一，设定令人鼓舞、可衡量的目标；第二，无论有多少其他东西放在你的眼前，都要确保你和团队一直在向着理想中的目标状态前进；第三，设定一个节奏，确保整个团队既能记住要达成的目标，也能彼此之间互相负责。”

Zimmerman, Eric and Katie Salen Tekinbas. *Rules of Play: Game Design Fundamentals.* MIT Press, 2003. “在设计系统时，我们近距离地看游戏，在错综复杂中发现模式，从而能够从全视角来看待游戏设计的挑战性。”